Peter Schröder

Politiker oder doch ,,nur" Mensch?

Wie emotionale und systemimmanente
Vorbehalte unsere Politik bestimmen

Diplomica® Verlag GmbH

Schröder, Peter: Politiker oder doch „nur" Mensch? Wie emotionale und systemimmanente Vorbehalte unsere Politik bestimmen, Hamburg, Diplomica Verlag GmbH 2013

ISBN: 978-3-8428-9090-9
Druck: Diplomica® Verlag GmbH, Hamburg, 2013

Bibliografische Information der Deutschen Nationalbibliothek:
Die Deutsche Nationalbibliothek verzeichnet diese Publikation in der Deutschen Nationalbibliografie; detaillierte bibliografische Daten sind im Internet über http://dnb.d-nb.de abrufbar.

Die digitale Ausgabe (eBook-Ausgabe) dieses Titels trägt die ISBN 978-3-8428-4090-4 und kann über den Handel oder den Verlag bezogen werden.

Dieses Werk ist urheberrechtlich geschützt. Die dadurch begründeten Rechte, insbesondere die der Übersetzung, des Nachdrucks, des Vortrags, der Entnahme von Abbildungen und Tabellen, der Funksendung, der Mikroverfilmung oder der Vervielfältigung auf anderen Wegen und der Speicherung in Datenverarbeitungsanlagen, bleiben, auch bei nur auszugsweiser Verwertung, vorbehalten. Eine Vervielfältigung dieses Werkes oder von Teilen dieses Werkes ist auch im Einzelfall nur in den Grenzen der gesetzlichen Bestimmungen des Urheberrechtsgesetzes der Bundesrepublik Deutschland in der jeweils geltenden Fassung zulässig. Sie ist grundsätzlich vergütungspflichtig. Zuwiderhandlungen unterliegen den Strafbestimmungen des Urheberrechtes.

Die Wiedergabe von Gebrauchsnamen, Handelsnamen, Warenbezeichnungen usw. in diesem Werk berechtigt auch ohne besondere Kennzeichnung nicht zu der Annahme, dass solche Namen im Sinne der Warenzeichen- und Markenschutz-Gesetzgebung als frei zu betrachten wären und daher von jedermann benutzt werden dürften.

Die Informationen in diesem Werk wurden mit Sorgfalt erarbeitet. Dennoch können Fehler nicht vollständig ausgeschlossen werden, und der Diplomica Verlag, die Autoren oder Übersetzer übernehmen keine juristische Verantwortung oder irgendeine Haftung für evtl. verbliebene fehlerhafte Angaben und deren Folgen.

© Diplomica Verlag GmbH
http://www.diplomica-verlag.de, Hamburg 2013
Printed in Germany

Widmung

Ich widme dieses Buch meinen Eltern,
Martha Fiedler und Dr. Martin Schröder
sowie meinen Geschwistern,
Juliane Hinrichs, Maria Schröder und Martin Schröder jr.

Inhalt

Vorwort **9**

Abstract **10**

1. Einleitung **11**
    1.1 Methoden 12

2. Theoretische Grundlagen **15**
    2.1 Merkmale uneigennützigen Handelns ehrenamtlicher
        Repräsentanten 16
    2.2 Merkmale professionalisierter Tätigkeit hauptamtlicher Akteure 20
    2.3 Ergebnis der theoretischen Grundlagen 22

3. Die Kommune als politische Instanz in Deutschland **23**
    3.1 Kommunalverfassungen in Deutschland 25
        3.1.1 Süddeutsche Bürgermeisterverfassung 26
        3.1.2 Dualistische Bürgermeisterverfassung 26
        3.1.3 Ratsverfassung mit volksgewähltem Bürgermeister 27
        3.1.4 Unechte Magistratsverfassung mit volksgewähltem
            Bürgermeister 27
    3.2 Zusammenfassung und Ergebnisse zu den
        Kommunalverfassungen 28

4. Das Bürgermeisteramt als Hauptamt **31**
    4.1 Sozialprofil eines Bürgermeisters 32
        4.1.1 Persönliche Daten 32
        4.1.2 Bildungsniveau und Herkunft 33
        4.1.3 Tätigkeiten vor dem Bürgermeisteramt 35
        4.1.4 Motive der Berufswahl 35
    4.2 Tätigkeitsprofil 36
        4.2.1 Ratsmitgliedschaft 37
        4.2.2 Leitung der Kommunalverwaltung 37
        4.2.3 Repräsentativfunktion 38
    4.3 Zusammenfassung und Auswertung 39

5. Ehrenamtliche Akteure der Kommunalparlamente 43

    5.1. Aufgaben des Gemeinderates 43

        5.1.1 Oberstes Beschlussorgan 44

        5.1.2 Kontrollinstanz 46

        5.1.3 Repräsentativfunktion 46

    5.2 Hauptberufliche Tätigkeiten und Sozialprofil der Ratsmitglieder 48

    5.3 Handlungsmotivation 50

    5.4 Zusammenfassung und Auswertung 52

6. Auswertung struktureller Differenzen zwischen Haupt- und Ehrenamt 55

7. Experteninterviews 59

    7.1 Auswahlkriterien für Interviewpartner 59

    7.2 Aufbau der Befragung 60

    7.3 Auswertungen der Interviews 62

        7.3.1 Ehrenamtliches Ratsmitglied 1 62

        7.3.2 Ehrenamtliches Ratsmitglied 2 64

        7.3.3 Hauptamtlicher Ober-/Bürgermeister 1 66

        7.3.4 Hauptamtlicher Ober-/Bürgermeister 2 68

        7.3.5 Vertreter einer übergeordneten Organisation 69

    7.4 Zusammenfassung und Auswertung 70

    7.5 Kritische Betrachtung 72

8. Internationaler Vergleich 75

    8.1 Das britische „local government" 75

    8.2 Zusammenfassung 78

    8.3 Auswertung 79

9. Gesamtauswertung und Fazit 81

10. Ausblick 85

Anhang 87

Literatur- und Abbildungsverzeichnis 115

Vorwort

Da für viele Menschen die Bundespolitik und auch die Europapolitik gefühlt immer mehr außer Reichweite sind, nimmt die kommunalpolitische Ebene an Bedeutung für sie entsprechend zu. So zeigen Beispiele, wie *Stuttgart 21* im Jahr 2011 und die darauf folgenden Landtagswahlen im südwestdeutschen Raum, dass die Wählergemeinschaft besonders aktiv wird, wenn es um Politik *vor der eigenen Haustür* geht.

Aus diesem Grund entschied sich der Verfasser, diesen Bereich der Politik genauer zu untersuchen, dabei jedoch die emotionalen Vorbehalte der Akteure in den Fokus zu rücken, da die Strukturen der kommunalen Ebene bereits recht ausführlich untersucht wurden. Diese Strukturanalysen sind dabei jedoch die Grundlage dieser Arbeit und werden entsprechend dargestellt.

Die vorliegende Arbeit soll schließlich einen Eindruck der aktuellen Situation in deutschen Kommunen vermitteln und daraus themenspezifische Handlungsempfehlungen konstruieren.

Die Ergebnisse der vorliegenden Arbeit sollen dem Verfasser dabei als Grundlage weiterführender Untersuchungen zur o.g. Thematik dienen.

Um die Textmenge der vorliegenden Arbeit möglichst zu reduzieren und dadurch auch die Lesbarkeit zu fördern, wird im Folgenden auf die Nennung der Begriffe in beiden Geschlechtern, wie z.B. Bürgerinnen und Bürger, verzichtet und die je kürzere Form gewählt. Dies möge nicht als Diskriminierung empfunden werden.

Bei der Auswertung von Interviews kommt hinzu, dass durch die durchgehende Nutzung der maskulinen Form die Möglichkeit etwaiger Rückschlüsse auf die Befragten über ihr Geschlecht ausgeschlossen wird.

Abstract

Dieses Buch belegt durch die Untersuchung der strukturellen Gegebenheiten der deutschen Kommunalverfassungen sowie Untersuchungen der Akteursgruppen, die auf der kommunalen Ebene handeln, dass es bereits aus der Struktur heraus zu Differenzen zwischen den Akteursgruppen kommen muss, welche durchaus emotionaler Natur sind. Dies wird durch die theoriebasierte Untersuchung der verschiedenen Handlungsmotive der hauptamtlichen und ehrenamtlichen Akteure grundlegend hergeleitet und anschließend durch Untersuchungen sowie die Auswertung einer repräsentativen Studie belegt.

Daraus ergibt sich eine Kausalität der Strukturen der Kommunalverfassungen in Deutschland und den emotionalen Problemen zwischen den Akteursgruppen, welche anschließend durch Experteninterviews bestätigt wird.

Obgleich für diese Untersuchung lediglich fünf Experteninterviews durchgeführt wurden, weisen sie jedoch alle die gleichen Ergebnisse zu dem hier behandelten thematischen Schwerpunkt auf und bestätigen somit, dass es zwischen den Akteuren emotionale Differenzen ob der strukturellen Zusammensetzung gibt und geben muss.

Schließlich wird dieses Buch, gestützt durch einen Vergleich der deutschen Kommunalstrukturen und dem britischen *local government* verdeutlichen, dass die deutschen Kommunalverfassungen, insbesondere durch die Reformen in den 1990er Jahren, ein hohes Maß an Transparenz aufweisen und trotz der emotionalem Problemen zwischen den Akteuren Handlungsfähigkeit eher fördern.

Zusammenfassend zeigt sich durch die Untersuchungen, dass es keinen Bedarf für strukturelle Reformen gibt, um die emotionalen Probleme zwischen den Akteursgruppen zu lösen, sondern eher einen Bedarf an präventivem Handeln mit den einzelnen Akteuren, um so die emotionalen Vorbehalte zu reduzieren und die Kommunen langfristig handlungsfähiger zu machen.

1. Einleitung

Die Leitung einer Gemeinde im Sinne der Leitung der kommunalen Verwaltung sowie der Repräsentation der Wähler und der verschiedenen Interessengruppen ist in Deutschland im Sinne der Gewaltenteilung und des demokratischen Prinzips auf das Zusammenwirken hauptamtlicher Verwaltungsleiter und ehrenamtlicher Gemeindevertreter angewiesen, da diese spätestens nach 1945 und damit dem Artikel 28 GG zwingend in jeder Kommune, Gemeinde und Stadt vertreten sind (vgl. Rudzio, 2003, S. 399). Dabei hatten diese zwar lange je nach Bundesland verschiedene Befugnisse und Pflichten (vgl. Rudzio, 2003, S. 404 ff.), einig ist ihnen jedoch, dass sie einen Konsens finden müssen, wollen sie ihre Aufgaben zur Zufriedenheit und zum Wohle der zu vertretenden Bürger erledigen.

Jede Kommune muss also zum einen die ihr auferlegte kommunale Demokratie ermöglichen und zum anderen die korrekte Leistung der Verwaltung garantieren, dabei aber auch stets kosteneffizient handeln (vgl. Rudzio, 2003, S.404).

Dabei stehen heute neben den klassischen Problemen im Sinne fraktionsgebundener Interessen oder verschiedener politischer Ansichten, seit den 1970er Jahren engagieren sich auf kommunaler Ebene besonders linke und grüne Initiativen sehr stark, anscheinend immer häufiger eher emotionale Schwierigkeiten zwischen hauptamtlichen und ehrenamtlichen Akteuren der Konsensfindung zum Wohle aller im Wege.

Diese können sich auf verschiedene ökonomische Interessen sowie vermeintliche stark divergierende Professionalisierungsgerade beziehen, was zu Unterschieden bezüglich der Einschätzungen der eigenen Fähigkeiten und der des jeweiligen Gegenübers führt. Daraus resultieren dann häufig permanente Machtkämpfe sowie ein ‚Blockdenken' und eine Rollenzuweisung, welche ein internes Lösen dieser Konflikte erheblich erschweren oder gar unmöglich machen kann.

Ziel des Werkes ist es, durch Betrachtung und Auswertung theoretischer und praktischer Quellen die modernen Problemfelder zwischen hauptamtlichen und ehrenamtlichen Akteuren auszumachen sowie diese möglichst präzise zu spezifizieren. Dabei werden zunächst die strukturellen Probleme zwischen diesen Akteuren herausgearbeitet, woran sich eine Untersuchung möglicher emotionaler Vorbehalte und vermeintlicher Animositäten anschließt sowie deren Ursachenforschung. Beispiele aus der Praxis, die über Experteninterviews ermittelt und analysiert werden, dienen hierbei zur stichprobenartigen Überprüfung der Erkenntnisse sowie einer genaueren Bewertung. Schließlich sollen diese Untersuchungen und Auswertungen zu Lösungsansätzen sowie weiter zu untersuchenden Aspekten führen, aus denen sich eine Handlungsempfehlung ergibt.

1.1 Methoden

Die Untersuchung in dem vorliegenden Buch stützt sich im Wesentlichen auf eine theoretische Problemskizzierung anhand der Auswertung diverser Sekundärquellen zum Thema.

Dazu wird u.a. eine Studie der Bertelsmann Stiftung, dem Deutschen Städtetag und dem Deutschen Städte- und Gemeindebund aus dem Jahr 2008 zum Thema „Beruf Bürgermeister" herangezogen. Hier wurden bundesweit 1.748 Bürgermeister aus Kommunen ab 2.000 Einwohner befragt, von denen 1.153 antworteten, was einer Quote von 66% entspricht (vgl. Bertelsmann/DST/ DStGB; 2008; S. 64).

Zunächst werden die verschiedenen Aspekte hauptamtlicher und ehrenamtlicher Tätigkeiten sowie deren Handlungsmotivationen und die gesetzlichen Rahmenbedingungen entsprechend der Kommunalverfassungen in Deutschland analysiert. Anschließend erfolgt der Vergleich mit den Auswertungen einiger Experteninterviews, die als narrative Interviews speziell für dieses Werk durchgeführt wurden.

Dazu wurden fünf Personen ausgewählt, die unmittelbar mit dem Sachverhalt vertraut sind und sowohl über entsprechende Ausbildungsmerkmale, als auch langjährige und intensive Erfahrungswerte verfügen und deren Aussagen daher als Expertise gewertet werden können (vgl. Bortz; 2006; S. 309).

Von den insgesamt fünf befragten Experten sind zwei hauptamtliche Bürgermeister, zwei ehrenamtliche Ratsmitglieder und einer Mitglied einer übergeordneten Organisation mit Blick auf beide Akteursgruppen und tiefgehenden Kenntnissen dieser. Letzter hat in seiner berufliche Tätigkeit seit vielen Jahren Erfahrungen auf kommunalpolitischer Ebene gesammelt und ist hier beratend und gestaltend tätig.

Entsprechend der Verfahrensweise für narrative Interviews, werden die Respondenten jeweils zu Beginn des Interviews über das Thema sowie die Person des Interviewers aufgeklärt. Daran schließt sich eine kurze erzählgenerierende Einleitung an, welche die Respondenten an einen immer gleichen gedanklichen Ausgangspunkt führt und bereits drei Initialisierungsfragen zur thematischen Eingrenzung enthält (vgl. Küsters; 2006; S. 54 f. u. Mey/Mruck; 2010; S. 424). Diese Einleitungen unterscheidet sich für die beiden Akteursgruppen lediglich in der jeweiligen Perspektive (siehe Anhang, S. III ff.). Dabei werden sie gebeten, sich an die letzte aus ihrer Sicht wichtige Entscheidung zu erinnern, die sie mit dem jeweils anderen Akteur gemeinsam zu verhandeln hatten.

Die Respondenten haben anschließend etwas Zeit Einführung und Fragestellung zu reflektieren und beginnen dann mit ihrer Antwort in Form einer Erzählung. Diese Form der freien Antwort in Erzählform ist wichtig, damit der Respondent während des Prozesses sein gedankliches Konstrukt erweitern kann und einen Handlungsstrang aufbaut. Durch die Zwänge der Erzählens führt dies besonders durch das passive Verhalten des Interviewers zu abgeschlossenen und nachvollziehbaren Antworten (vgl. Kleemann, Krähnke, Matuschek; 2009; S. 67 f.).

So ergibt sich durch die Methode sowie die gedankliche Hinführung eine Erzählung des Respondenten, welche entsprechende Rückschlüsse auf die eigentliche Frage gibt (vgl. Mey/Mruck; 2010; S. 424).

An diese erste Phase des Interviews schließt sich ggf. eine Phase des immanenten Nachfragens an, sollten einige Aspekte der Erzählung noch unklar sein. In jedem Fall wird am Ende des Interviews jeder Respondent nach den vermeintlichen Gründen für die sich aus der Erzählung ergebenden

Probleme gefragt, so er diese nicht bereits in der Erzählung benannt hat (vgl. Mey/Mruck; 2010; S. 424). Dies erlaubt Rückschlüsse auf eventuelle emotionale Vorbehalte sowie persönliche Erfahrungen und Einschätzungen der Respondenten zum Thema.

Dem Respondenten, der übergeordneten Organisation, werden entsprechend beide Einleitungen vorgelesen, um einen neutralen Ausgangspunkt zu erzeugen und etwaige unbewusste Vorbehalte des Respondenten ob einer per Einleitungstext manipulierten Perspektive auszuschließen.

Darauf folgt ein kurzer Exkurs in das britische *local government*, welcher die Perspektive des Verfassers und des Lesers zwecks Abstrahierung der Problematik vom Konkreten zum Allgemeinen auf eine makroskopische Ebene hebt und dadurch die Besonderheiten des deutschen Systems der Kommunalpolitik verdeutlicht.

Schließlich werden die wichtigsten Ergebnisse aller Auswertungen zu einem Gesamtfazit zusammengeführt, aus welchem sich anschließend Lösungsansätze und Handlungsempfehlungen ergeben.

2. Theoretische Grundlagen

Um im Verlauf dieses Werkes die Problemursachen genauer definieren zu können, ist eine deutliche Trennung zwischen strukturellen und emotionalen Ursachen vorzunehmen. So kann bei der Entwicklung von Lösungsansätzen an der jeweils richtigen Stelle angesetzt werden. Strukturelle Ursachen meinen in diesem Zusammenhang solche, die in den Umständen zu finden sind, welche sich u.a. aus juristischen Begrenzungen, Vorschriften und Verfassungen sowie institutionellen Zwängen ergeben.

Emotionale Ursachen sind diejenigen, die sich im Handeln der einzelnen Akteure ausdrücken, wie man sie in jeder zwischenmenschlichen Handlung finden kann, und die nicht zwingend einer Strukturbedingtheit unterliegen. Sie können wiederum durch persönliche Differenzen sowie parteipolitische Hintergründe entstehen oder aber für Außenstehende zunächst unerklärlich bleiben. Ihre Lösung bedarf daher einer aktiven Mitarbeit der beteiligten Akteure und ist nur langfristiger umzusetzen, als struktureller Probleme.

Grundsätzlich muss zu strukturellen Ursachen bemerkt werden, dass sie vermeintlich schnell durch Umstrukturierung gelöst werden können, dieser Prozess jedoch häufig Probleme lediglich verlagert und nicht löst.

Dieses Phänomen und gleichsam die Tatsache, dass es bereits lange bekannt ist, wird in den Worten eines römischen Offiziers bei Saalburg, Gaius Patronius, um 100 n.Chr. deutlich: „Wir übten mit aller Macht, aber immer, wenn wir begannen zusammengeschweißt zu werden, wurden wie umorganisiert. Ich habe später gelernt, dass wir versuchten, neuen Verhältnissen durch Umorganisation zu begegnen. Es ist eine phantastische Methode. Sie erzeugt die Illusion des Fortschritts, wobei sie gleichzeitig Verwirrung schafft, die Effektivität mindert und demoralisierend wirkt." (Gaius Patronius, röm. Offizier; Saalburg um 100 n. Chr.).

In diesem Kapitel werden zunächst die theoretischen Grundlagen des Handelns beider Akteure, haupt- und nebenamtlich, untersucht und erläutert. Durch die Darstellung der grundsätzlichen und allgemeinen Motivation und Haltung von Menschen, die entweder ehrenamtlich, also vermeintlich eher altruistisch, oder eben hauptamtlich, sprich als professionalisierte Fachkräfte ihres Bereiches, tätig sind, werden bereits erste Unterschiede und somit eventuelle Problemfelder sichtbar, welche Hinweise auf notwendige Untersuchungen der Praxis liefern können.

2.1 Merkmale uneigennützigen Handelns ehrenamtlicher Repräsentanten

Die Hauptmerkmale einer Tätigkeit als ehrenamtliche Handlung entscheidet sich heutzutage meistens an der Frage, ob jemand für eine Handlung finanziell, sprich durch ökonomisches Kapital, belohnt wird bzw. eine Person durch ihr Handeln ein ökonomisches Interesse verfolgt (vgl. Bourdieu, 1998, S.140). Darauf verweist auch explizit die Definition eines Lexikons, welches das Ehrenamt als Übernahme eines „öffentlichen Amtes" beschreibt, „[…] für dessen Erfüllung kein Entgelt, sondern nur Ersatz der Auslagen gewährt wird." (vgl. Brockhaus multimedia, 2009, Stichwort: „Ehrenamt"). Als „nebenberufliche, unentgeltliche[…] Tätigkeit" (vgl. Bertelsmann, 1997, Stichwort: „Ehrenamt") wird es bei Bertelsmann beschrieben.

Letztere Definition hebt durch die Beschreibung des Nebenberuflichen bereits den nicht-professionellen Charakter einer solchen Tätigkeit hervor, also einen vermeintlichen Mangel an fachlicher Expertise, zur Ausführung dieses Amtes. So kann diese Definition zumindest verstanden werden, was im weiteren Verlauf noch zu möglichen Problemursachen führt.

Der explizite Hinweis beider Definitionen darauf, dass die Tätigkeit unentgeltlich ist, ist freilich der überproportionalen Gewichtung des ökonomischen Kapitals, gegenüber dem kulturellen oder sozialen Kapital in unserer Zeit geschuldet (vgl. Bourdieu, 1983, S. 184 f.) und fokussiert die Frage nach den möglichen Motiven eines Akteurs zu sehr auf rein finanzielle Eigeninteressen. Vorteile, die dieser sich dieser von seiner Tätigkeit erhofft. Man muss also entsprechend den bourdieuschen Kapitalformen davon ausgehen, dass sich das handlungsmotivierende Interesse eines Akteurs in jeder dieser drei Kapitalformen bewegen kann.

Grundsätzlich kann entsprechend formuliert werden, dass ein wirklich interessefreies Handeln nicht möglich ist, da ein Handeln ohne Interesse keinen Sinn machte und somit nicht vollzogen werden müsste, da es sich selbst ad absurdum führte (vgl .Bourdieu, 1998, S. 151 ff.). Es steht also jeder Handlung ein Interesse oder gar ein Eigeninteresse voran, welches jedoch in Abhängigkeit des sozialen Feldes steht, innerhalb dessen man sich bewegt und aus dem heraus eine Handlung vollzogen wird.

Bourdieu fügt unter diesem Aspekt noch eine vierte Kapitalform, das symbolische Kapital, hinzu, welches aus den Feldern der Wissenschaft und Familie, aber auch der Kunst hervorgeht eine wichtige Bedeutung hat, der das Eigen-/Interesse eines Akteurs durchaus dienen kann (vgl. Bourdieu, 1998, S. 151 ff.).

Diese Kapitalform meint nach Bourdieu einen symbolischen Profit, wie Berühmtheit oder Heiligkeit, also etwas, das dem eigenen Ansehen durchaus zugutekommt, aber keinen direkten Profit anderer Kapitalformen bedeutet, also nicht in andere Kapitalformen transformiert werden kann (vgl. Bourdieu; 1998; S. 151 ff.).

Welche möglichen Interessen sich am ehesten hinter dem ehrenamtlichen Handeln als Mitglied einer Gemeinde-/Kommunalvertretung verbergen mögen, soll hierbei nicht weiter ausgeführt werden, da es sich um einen rein spekulativen Rahmen handelte. Wichtig ist aber, dass es primär nicht um ein finanzielles Interesse gehen kann, maximal sekundär wäre dies möglich.

Das Paradoxe an der freiwilligen Handlung, in welchem Bereich auch immer, ist nun aber, dass jedem unterstellt werden kann, er handelte aus einem möglicherweise versteckten Eigen-/Interesse. Mehr oder minder abwegige Konstruktionen vermeintlich kausaler Zusammenhänge zwischen der Aktion einer Person und einer damit intendierten Folge, tritt diese nun wirklich ein oder nicht, sind eigentlich immer möglich, bewegen sich aber sicherlich zumeist im Rahmen des Spekulativen. Doch gerade im Nachhinein ist dies ein großes Problem. Eine Person, die ehrenamtlich handelt, dabei kein verwerfliches Interesse verfolgt, wird früher oder später etwas Positives erfahren, das sich in dieser Ehrenamtlichkeit begründet oder darauf zurückführen lässt. Die mögliche Unterstellung, diese positive Folge des Ehrenamtes sei ursprünglich Motivation für dessen Ausüben gewesen, lässt sich schwerlich widerlegen.

Die Klassifizierung eines Engagements, nach der sich ein ehrenamtliches bzw. uneigennütziges Handeln als solches einstufen lässt, begründet sich somit einzig und allein in der entsprechenden Intention des Akteurs. Die Frage ist hier, ob es das primäre Interesse und Kalkül eines persönlichen Vorteils ist, das zu einer bestimmten Handlung veranlasst hat. Ebenso muss die Frage geklärt werden, ob es sich dabei um einen ökonomischen Nutzen oder einen rein persönlichen Nutzen handelt. Ein Akteur mag durchaus wissen, dass die Zahl seiner Freunde zunimmt oder sich vielleicht sein Renommee positiv entwickelt, dies muss jedoch keinen Nachteil für andere bedeuten. Es ist also möglich, dass der persönliche Nutzen, dessen der Akteur sich möglicherweise bewusst ist, sich auch positiv auf andere Menschen auswirkt und sein Handeln somit durchaus dem altruistischen Grundsatz entspricht. Dadurch ist dieser Akteur eben nicht ausschließlich eigennützig und entspricht dem, was von einem Ehrenamtlichen erwartet wird.

Werden im Folgenden also die Begriffe „ehrenamtlich" oder „uneigennützig" verwendet, so sind diese in dem Sinne zu verstehen, dass der entsprechende Akteur nicht auf einen persönlichen Zugewinn fokussiert ist, dieser sich aber durchaus als Nebenprodukt einer positiven Entwicklung für andere einstellen kann.

Damit widerspricht diese Handlungsmotivation auch jedweder Ökonomischen, welche die Vermehrung des eigenen Kapitals immer zu Lasten eines anderen Akteurs verfolgt.

Eine weitere Möglichkeit der Handlungsmotivation zu einer ehrenamtlichen Tätigkeit fällt unter das Stichwort „Noblesse oblige" (vgl. Bourdieu; 1998; S. 152), was bedeutet, dass sich ein Akteur zu einem bestimmten Handeln verpflichtet fühlt, da er einer gewissen Klasse bzw. sozialen Schicht angehört oder anzugehören glaubt, von der er meint, dass diese ein solches ehrenamtliches und uneigennütziges Handeln erwartet würde (vgl. Bourdieu; 1998;

S. 152). Dies widerspricht jedoch, da es aus einem, wenn auch nur einseitig empfundenen Zwang heraus entsteht, dem per Definition festgelegten freiwilligen Aspekt jedes ehrenamtlichen Handelns und darf diesem im engeren Sinne somit nicht zugerechnet werden.

Ein moderner und eher problemorientierter Ansatz, gemessen an der heutigen deutschen Gesellschaftsform und ihrer Probleme, bezieht sich im Kern der Erklärung der Motivation ehrenamtlicher Tätigkeiten auf die aktive Behebung eben dieser Probleme. Da diese Erklärung auf der aktiven Beteiligung in zivilgesellschaftlichen Organisationen beruht, müssen seine Argumente hier etwas relativiert werden, dürfen aber dennoch als grundsätzliche Motivation ehrenamtlicher bzw. uneigennütziger Handlung verstanden werden.

Grundsätzlich dient dennoch jede Form des Ehrenamtes der Interessenvermittlung zwischen anderen Akteuren. Zusätzlich fördert es die Identitätsbildung sowie ein Zugehörigkeits- und Selbstwertgefühl des Einzelnen und verhilft diesen ein soziales Umfeld zu entwickeln oder dieses zu intensivieren und bietet somit gesellschaftliche Sicherheit (vgl. Priller; 2010; S. 201).

Weiter fördert diese Tätigkeit eine Vermittlungsfähigkeit zwischen einer immer heterogeneren Gesellschaft und damit ein stärkeres Werte- und Normenempfinden sowie dessen Ausprägung bei dem Einzelnen (vgl. Priller; 2010; S. 201 f.).

Die wichtigste Eigenschaft aber, welche die Übernahme einer ehrenamtlichen Tätigkeit erfüllen kann, ist die Befriedigung desjenigen, der sie ausübt. So bietet sie einen emotionalen Ausgleich für diejenigen, für die die bezahlte Arbeit nicht mehr lebensausfüllend ist, also der Beruf zu einem bloßen *job* geworden ist (vgl. Prill; 2010; S. 202).

Wie bereits angesprochen, beziehen sich diese Aussagen auf ehrenamtliche Tätigkeiten im Rahmen zivilgesellschaftlicher Organisationen, welche makroskopisch betrachtet eine andere Rolle einnehmen, als die in diesem Buch behandelte ehrenamtliche Tätigkeit innerhalb der Politik, dennoch können sie als Hinweis auf mögliche, wenn auch nicht mehr vordergründige Motivationen der Akteure geben.

2.2 Merkmale professionalisierter Tätigkeit hauptamtlicher Akteure

Der Begriff der Professionalisierung entstammt dem Wort „Professionalität", welches mit folgender Definition besetzt ist: „Als Professionalität wird die von Angehörigen eines Berufsstandes erwartete Fertigkeit, Kompetenz oder Verhaltensnorm bezeichnet."(vgl. http://www.onpulson.de/lexikon/3917/ professionalitaet/). Der Begriff Profi, der sich von Professionalität ableitet, wird hingegen lediglich als ein „Kurzwort für einen Berufssportler" (vgl. Brockhaus multimedia; 2009; Stichwort „Profi") definiert.

Tatsächlich wird die Bedeutung am ehesten klar, betrachtet man den Prozess der Professionalisierung und leitet davon auf Professionalität als einen Zustand nach dem erfolgreich abgeschlossenen Prozess ab.

Dieser Prozess der Professionalisierung beschreibt die Entwicklung eines Berufes hin zu einer Profession über mehrere Stufen, die teils in der Reihenfolge variieren können, jedoch allesamt bei jenen Berufen, die bereits den Status der Profession erreichten, in auffallender Häufigkeit nachweisbar sind (vgl. Wilensky; 1972; S. 198 ff.). Demnach ist eine Profession wohl ein Beruf, nicht aber ein Beruf gleich eine Profession, wobei sich die Profession, da sie aus dem Beruf heraus entsteht, von diesem positiv abhebt.

Folgende Phasen, insgesamt sind es sechs, werden dabei durchlaufen. Zunächst entsteht aus einer Berufsfunktion ein Hauptberuf, so z.B. aus dem Pflegen und Behandeln einer kranken Person der Beruf des Mediziners bzw. Arztes. Darauf folgt, und dies recht früh nach dem ersten Schritt, die Frage nach der adäquaten Ausbildung für diesen Beruf, der die Einrichtung von Ausbildungsstätten nach sich zieht. Dabei wird schnellstmöglich die Nähe zu Universitäten gesucht, um die Ausbildung zu verbessern und möglichst als universitäres Studium zu gestalten, das mit entsprechenden Titeln abgeschlossen werden kann. Als dritte Phase findet eine Abgrenzung zu den vorherigen Formen des Berufes statt, also der Form, wie sie vor dem Professionalisierungsprozess bekannt war. Dazu vereinen sich häufig diejenigen, welche die Ausbildungsstrukturen zuerst definierten und jene, die diese Ausbildung erstmalig absolvierten. Sie schließen sich zu Berufsverbänden zusammen und benennen ihren Beruf neu, um ihn und sich damit abzugrenzen (vgl. Wilensky; 1972; S. 202 f.).

Die letzten beiden Phasen der Professionalisierung, Phasen vier und fünf, befassen sich inhaltlich mit der Fixierung einer Berufsethik in Gesetzen sowie weiterer Propaganda für den Beruf. Außerdem wird häufig versucht, sofern kein Kompetenzmonopol vorliegt, den Beruf durch geschützte Titel abzugrenzen. Über diese juristischen Hebel wird auch die letzte Phase absolviert, nämlich die Eliminierung unqualifizierter Praktiker aus der Profession und damit die Verringerung des Wettbewerbs innerhalb dieser (vgl. Wilensky; 1972; S. 204 f.).

Wie sich an dem typischen Verlauf der Entwicklung zu einer Profession zeigt, geht es um die Abgrenzung, Weiterentwicklung und Qualifizierung eines ‚Berufes'. Durch diesen Prozess steigt der Wert der Profession und jener, die ihr angehören, also die nötigen Hürden überwunden haben. Welche Selbstwahrnehmung entsteht nun aber daraus bei den Professionalisierten?

Je größer die zu überwindenden Hürden und die gestellten Anforderungen an die Menschen sind, die sie meistern müssen, um als professionelle Arbeiter zu gelten, desto höher die Meinung von sich selbst. Man empfindet Stolz auf die eigene Leistung, das eigene Wissen und Können und will, da man hart für das Erreichen dieses Status' gearbeitet hat und während der Zeit der Ausbildung auf vieles verzichten musste, anschließend entsprechende Würdigung erfahren. Der Einzelne sucht also nach absolvierter Professionalisierung die Abgrenzung zu denen, die diese Ausbildung nicht absolvierten.

Dies wird durch Berufsverbände sowie Bildungsderivate beispielsweise in Form etwaiger Abschlüsse institutionalisiert. Entsprechend gestaltet sich das gesellschaftliche Ansehen, denn Bildungsabschlüsse vermitteln ein bestimmtes kulturelles Kapital, sowie das Gehalt, also der ökonomische Wert des Schaffens.

Die sich aus dieser Professionalität ergebende Handlungsmotivation eines Akteurs ist also zum einen der meist ökonomische Lohn, den man für die Ausübung seiner Arbeit erhält und zu dessen möglichst hohen Steigerung man die entsprechenden Hürden der Ausbildung genommen hat sowie das Erlangen der entsprechenden Anerkennung der eigenen Leistungen und erworbenen Fähigkeiten. Man ist ein Experte, man nimmt sich als solchen wahr und möchte auch von der Umwelt als solcher angesehen werden.

2.3 Ergebnis der theoretischen Grundlagen

Bereits aus der rein theoretischen Betrachtung beider verschiedener Handlungsmotivationen ergibt sich eine gravierende Problematik. Während der ehrenamtliche Akteur kein professionalisierter Akteur in seinem Amt ist, sondern im Idealfall nach bestem Wissen und Gewissen handelt, ist der hauptamtliche Akteur sehr wohl professionalisiert und somit ein Experte in seinem Amt und nimmt sich selbst auch als solchen wahr. Das daraus entstehende Konfliktpotenzial bezieht sich vor allem auf die möglichen Unterstellungen einer Unzulänglichkeit des jeweils anderen. So unterstellt vermutlich der hauptamtliche Akteur dem Ehrenamtlichen, dass dieser nicht die nötigen Kompetenzen zur Erfüllung seiner Aufgaben habe (vgl. Sprondel; 1979; S. 141 f.). Andersherum kann dem hauptamtlichen Akteur ein Mangel an nötiger Selbstkritik sowie altruistischer Handlungsmotivation unterstellt werden.

Gleichzeitig bergen diese Unterschiede jedoch für beide Seiten auch das Potenzial sich gegenseitig konstruktiv ergänzen zu können, wenn sie einander entsprechend wahrnehmen und gewillt sind konsensual zusammenzuarbeiten.

Nun stellt sich hier im Anschluss die Frage, in wieweit die Rahmenbedingungen auf kommunaler Ebene dies ermöglichen und fördern oder diesem etwa entgegenstehen. Dazu wird die Kommune als politische Instanz genauer betrachtet.

3. Die Kommune als politische Instanz in Deutschland

Um die möglichen emotionalen Problemfelder deutlich erkennen zu können, ist es notwendig, diese klar von strukturell bedingten Problemen zu trennen. Dazu werden hier zunächst die strukturellen Gegebenheiten und sich aus diesen ergebende Unterschiede zwischen Haupt- und Ehrenamt sowie etwaige Probleme kurz erläutert.

Die heute einer Kommune zukommenden Aufgaben werden auf Bundes- und Landesebene definiert und somit von *oben* vorgeschrieben. Zum einen fallen den Kommunen die *Selbstverwaltungsangelegenheiten* nach Artikel 28 des Grundgesetzes zu, zum anderen sind sie der letzte Wirkungskreis der Verwaltungsinstanz und somit für die Ausführung der Gesetze zuständig. Letzteres ist als sogenannter *Übertragener Wirkungskreis* bekannt (vgl. Rudzio; 2003; S. 418 f.).

Die Wurzeln der Kommunen als politische Instanz in Deutschland reichen aber schon bis in das Jahr 1808 zurück, wo ihnen durch die preußische Städteordnung, die *Magistratsverfassung*, das Recht der Selbstverwaltung zugesprochen wurde (vgl. Rudzio; 2003; S. 399 u. Bockhaus multimedia; 2009; Stichwort „Gemeinde").

Nach dem Deutschland durch die Weimarer Republik und das Dritte Reich viele politische sowie strukturelle Veränderungen erlebt hatte und sehr zentralistisch geprägt war, wurden nach 1945 durch die Siegermächte in Deutschland die Kommunen erneut bestärkt und als Basis der Demokratie institutionalisiert. Dabei richtete sich die genauere Ausgestaltung der länderspezifischen Gesetzgebung, neben deutschen regionalspezifischen politischen Traditionen Deutschlands, nach den jeweiligen Besatzungsmächten. So wurde in dem von den Briten besetzten Gebiet sehr stark nach dem britischen Politikmodell verfahren, welches eine strikte Trennung von Politik und Verwaltung vorsah. In den übrigen Gebieten der späteren alten Bundesländer, also in den von Franzosen und Amerikanern besetzten Gebieten, wurden die Kommunalverfassungen primär den bereits aus Zeiten vor dem Dritten Reich in Deutschland bekannten Verfassungen nachempfunden, wobei hier auch die nähere Ausgestaltung dieser den deutschen

Behörden überlassen wurde (vgl. Rudzio; 2003; S. 399f. & Kleinfeld/ Schwanholz/Wortmann; 2000; S. 15).

Während die Kommune ob der lokalen Fragen für die Bevölkerung stets von Interesse war, galt sie für die Bundespolitik als eher uninteressant und unpolitisch, da die lokalen Probleme immer als eher fallspezifisch und somit parteipolitisch irrelevant gewertet wurden (vgl. Rudzio; 2003; S. 400). Diese Einschätzung änderte sich jedoch soweit, dass in den 1970er Jahren die ersten kommunalpolitischen Grundsatzprogramme der größeren Parteien verabschiedet wurden, welche alleine durch ihre Terminologie bereits darauf hinwiesen, dass die vormalige *kommunale Selbstverwaltung* nun zu einer *Kommunalpolitik* geworden war (vgl. Rudzio; 2003; S. 400 f.). Die Parteien und überhaupt die politischen Sphären empfanden die kommunale Eben jetzt immer mehr als demokratische Basis und versuchten entsprechend sich dort einzubringen und Wähler zu gewinnen. Es fand also eine Wendung der politischen Bedeutung der Kommunen um 180 Grad statt, da die der Kommunalpolitik übergeordneten politischen Ebenen ihr Potential zu entdecken begannen, Wähler direkt emotional zu mobilisieren und so deren Stimmen zu gewinnen.

Als weiterer Hinweis auf den enormen Bedeutungszuwachs der Kommune als politische Ebene und somit als Basis der Demokratie kann das sich in den 1970er Jahren häufende Aufkommen der Bürgerinitiativen gewertet werden, welches auch ein gesteigertes Interesse der Bürger auf eben dieser Ebene artikulierte und das politische Potential dieser ausdrückte (vgl. Rudzio; 2003; S. 402). Besonders auffällig jedoch waren die Bürgerinitiativen der Grünen 1971, die auf kommunaler Ebene die Problemlagen zwischen Gewerbeförderung, ein Bereich, welcher eher durch konservative Parteien gefördert wurde, und Umweltschutz thematisierten (vgl. Rudzio; 2003; S. 402f.)

Hier zeigte sich, was sich u.a. 2011 mit *Stuttgart 21* wiederholte, dass nämlich besonders Themen aus dem umweltpolitischen und sozialpolitischen Sektor lokal von sehr hoher vor allem emotionaler Relevanz sind und somit ein auf der kommunalen Ebene beginnendes enormes politisches Potential entwickeln können, welches sich direkt auf Landtagswahlen und sogar Bundestagswahlen auswirken kann. So erhielt Bündnis '90/Die Grünen in Baden Württemberg bei der Landtagswahl 2011, relativ kurz nach dem atomaren Zwischenfall in Fukushima, Japan, 24,2% der Stimmen, sprich rund ein Viertel, und wurde damit zweitstärkste Partei. Im Vergleich zu 2006 bedeutete das ein Stimmenzuwachs von 12,5% (vgl. http://www.statistik-bw.de/wahlen/Landtagswahl_2011/Laender.asp; zuletzt besucht am 25.10.2011).

An dieser Entwicklung der zunehmenden Politisierung der kommunalen Ebene, von einer einst reinen Verwaltungsebene zu einer höchst politischen, wird deutlich, welche Bedeutung die kommunale Politik einnimmt und welche Auswirkungen Konflikte zwischen hier tätigen hauptamtlichen und ehrenamtlichen Akteuren haben können.

Die Kommunalpolitik ist also für die deutsche Parteienlandschaft durchaus ein wichtiger Hebel in Bezug auf Landtags- und Bundestagswahlen und somit logischer Weise auch im Fokus dieser, was sich überwiegend auf das Agieren ihrer Akteure auf kommunalpolitischer Ebene auswirkt. So kann es beispielsweise zu Blockierungen und nicht lösungsorientierten Handlungsstrategien kommen, die einzig dem Wählerzugewinn dienen sollen bzw. eine gewisse Parteiprogrammatik und -ideologie wahren.

Wie dies im Rahmen der verschiedenen Kommunalverfassungen in Deutschland möglich ist, wird im folgenden Kapitel behandelt.

3.1 Kommunalverfassungen in Deutschland

Wie bereits erläutert, entstanden in Deutschland nach 1945 verschiedene Systeme kommunalpolitischer Verwaltungsstrukturen, die auf unterschiedlichen Traditionen beruhen. Diese sind insofern relevant, als Sie eine Mischung aus regionaler deutscher Tradition und Einflüssen der Besatzungsmächte darstellen, die strukturelle Differenzen aufwerfen, welche hie und da die Arbeit auf kommunaler Ebene erschweren. Solche Probleme können durch Verwaltungsreformen, wie in den 1970er Jahren und auch nach dem Mauerfall 1990, im ‚top-down' Verfahren verändert und u.U. gelöst werden.

Über das Aufzeigen dieser strukturellen Differenzen, wird im weiteren Verlauf eine klare Abgrenzung etwaiger emotionaler Probleme ermöglicht.

Zu diesem Zweck werden im Folgenden die vier verschiedenen Modelle kommunaler Strukturen in Deutschland, die sich zunächst nach dem zweiten Weltkrieg in Deutschland durchsetzten, erläutert. Eine Reformbewegung seit den 1990er Jahren sollte dieses System nochmals nachhaltig verändern, was im Anschluss an die Erläuterung der vier verschiedenen Verfassungstypen Erwähnung findet.

3.1.1 Süddeutsche Bürgermeisterverfassung

Die Süddeutsche Bürgermeisterverfassung, heute Vorbild für ganz Deutschland, sieht einen direkt vom Volk gewählten Bürgermeister in der Doppelfunktion, nämlich als Leiter der Kommunalverwaltung sowie als Ratsvorsitzenden vor. Somit basiert seine Legitimation auf einer demokratischen Direktwahl der Bürger, die er als Bürgermeister regiert. Hierbei obliegen dem Bürgermeister in seiner Funktion als Vorsitzender des Rates Widerspruchsrechte gegen Ratsbeschlüsse, wodurch dem Bürgermeister letztlich eine deutlich vorherrschende Stellung eingeräumt wird, auch wenn dieser Verfassungstypus primär auf die Integration von Bürgermeister und Rat als zwei demokratisch legitimierten Organen setzt (vgl. Rudzio; 2003; S. 408). Diese Führungsspitze, welche sich aus dieser Verfassungsstruktur ergibt, findet sich besonders in den nach 1945 von US Amerikaner besetzten Gebieten Deutschlands. Ihr Ursprung ist die deutsche Gemeindeordnung von 1935, die die Amerikaner weitestgehend übernahmen und das monokratische *Leadership-Prinzip* dieser Gemeindeordnung damit erhielten (vgl. http://de.wikipedia.org/wiki/ Gemeindeordnungen_in_Deutschland, zuletzt besucht am 13.11.2011)

3.1.2 Dualistische Bürgermeisterverfassung

Die *Dualistische Bürgermeisterverfassung* unterscheidet sich von der Süddeutschen Bürgermeisterverfassung lediglich in Hinsicht auf die Trennung zwischen der Leitung der Verwaltung einerseits, welche hier dem direkt gewählten Bürgermeister unterliegt, und dem Vorsitz des Rates andererseits, welcher einem vom Rat gewählten Mitglied desselben zusteht, das jedoch nicht Bürgermeister sein darf (vgl. Rudzio; 2003; S. 408 u. Hesse/Ellwein; 2004; S. 93). Dieser Verfassungstyp wird daher auch als duale Rat-Bürgermeister-Verfassung mit zwei Spitzen benannt (vgl. Hesse/Ellwein; 2004; S. 93).

3.1.3 Ratsverfassung mit volksgewähltem Bürgermeister

Die *Ratsverfassung mit volksgewähltem Bürgermeister*, ähnlich der früheren *Norddeutschen Ratsverfassung* mit der Doppelspitze aus Oberbürgermeister und (Ober-) Stadtdirektor, hebt besonders die Stellung des Rates heraus, dem auch in den Verwaltungsbereich hinein Zuständigkeiten gewährt werden. Der Bürgermeister nimmt hingegen durch eine recht kurze Wahlperiode und eingeschränkte Kompetenzen nebst der Verwaltungsleitung eine eher untergeordnete Rolle ein. Wenn auch direkt vom Volk legitimiert, so darf er jedoch den Vorsitz des Rates nicht innehaben. Dieser wird von einem anderen Ratsmitglied übernommen, welches der Rat wählt (vgl. Rudzio; 2003; S. 408 u. Hesse/Ellwein; 2004; S. 93).

Daraus ergibt sich für die Situation des Bürgermeisters bereits ein Spannungsverhältnis, da er sich zwar auf der einen Seite auf eine direkte demokratische Legitimation der Bürger seiner Kommune berufen kann, ihm jedoch vornehmlich die Leitung der kommunalen Verwaltung obliegt und er in anderen, politischen Belangen eine eher untergeordnete Position gegenüber zum Rat einnimmt.

3.1.4 Unechte Magistratsverfassung mit volksgewähltem Bürgermeister

Die Unechte Magistratsverfassung beschneidet die Kompetenzen des Bürgermeisters am stärksten, da sie ihn selbst in der Leitung der kommunalen Verwaltung in einen kollegialen, vom Rat gewählten Magistrat zwingt, dessen Vorsitzender und Mitglied er ist. Innerhalb der Verwaltung obliegt ihm jedoch immerhin die Organisationsgewalt. Seit 1993 wird der Bürgermeister auch in diesem System direkt von den Bürgern gewählt und erhält somit eine basisdemokratische Legitimation (vgl. Rudzio; 2003; 408 u. Wollmann/Roth; 1999). Der Rat setzt sich aus den üblichen gewählten Vertretern zusammen und wählt den Vorsitzenden, den sogenannten Stadtpräsidenten od. Bürgervorsteher aus seiner Mitte (siehe Anhang; Abbildung I).

3.2 Zusammenfassung und Ergebnisse zu den Kommunalverfassungen

Diese verschiedenen Verfassungstypen, die jeweils aus unterschiedlichen Motivationen und Traditionen heraus entstanden, erschwerten es, eine einheitliche Beurteilung der Situation zwischen Bürgermeistern und Rat vorzunehmen. Durch die Reformen dieser Verfassungen, die sich in der Summe von den 1970er Jahren bis in die 1990er Jahre ziehen, ist nun das Amt des Bürgermeisters zumindest soweit gestärkt, dass dieser nun einheitlich vom Volk gewählt wird. Erhalten blieben die Unterschiede seiner Aufgaben, Zuständigkeiten und Befugnisse.

Nach diesen Reformen kann man die derzeit in Deutschland geltenden Ratsverfassungen in drei Gruppen unterteilen. Zum einen gibt es die duale Rat-Bürgermeister-Verfassung unter einer Spitze, wie wir sie in Baden-Württemberg, Bayern, Rheinland-Pfalz, Nordrhein-Westfalen, Sachsen, Thüringen und im Saarland vorfinden. Hier ist der Bürgermeister Leiter der Verwaltung und Mitglied sowie Vorsitzender der Gemeindevertretung bzw. des Rates (vgl. Hesse/Ellwein; 2004; S. 93).

Zum anderen gibt es die duale Rat-Bürgermeister-Verfassung mit zwei Spitzen in Brandenburg, Mecklenburg-Vorpommern, Niedersachsen, Sachsen-Anhalt und Schleswig-Holstein, die den Bürgermeister auf die Verwaltungsleitung und die Mitgliedschaft in der Gemeindevertretung beschränkt. Der Ratsvorsitz obliegt einem Ratsmitglied, das nicht Ober-/ Bürgermeister sein darf (vgl. Hesse/Ellwein; 2004; S. 93 u. Rudzio; 2003;

S. 405).

In Hessen gilt als einzigem Bundesland noch die unechte Magistratsverfassung. Die Position des Bürgermeisters beschränkt sich auch hier auf den Bereich der Verwaltung, beinhaltet dabei aber auch nur die Leitung des Magistrats, welcher wiederum kollegial die Verwaltung leitet. Auch hier ist der

Bürgermeister nicht Vorsitzender der Gemeindevertretung (vgl. Hesse/ Ellwein; 2004; S. 93, u. Anhang; Abbildung I u. Rudzio; 2003; S. 405).

Zusammenfassend kann man für alle Typen der nun bestehenden drei Verfassungen sagen, dass der Bürgermeister sich nach der bundesweit durchgeführten Reform in den 1990er Jahren auf eine direktdemokratische Legitimation durch die Bürger der jeweiligen Kommune berufen und somit seine Handlungen als zulässig im Rahmen geltender Vorschriften rechtfertigen kann (vgl. Anhang; Rudzio; 2003; S. 405).

Der Rat bzw. die jeweilige Gemeindevertretung kann sich ebenfalls nach wie vor auf eine demokratische Legitimation berufen.

Beide zusammen sind als Volksvertretung für die in der Kommune betriebene Politik zuständig und müssen einen Konsens finden. Zwar kann der Bürgermeister in den Ländern, in denen er auch den Vorsitz der Gemeindevertretung inne hat, Ratsentscheidungen qua Widerspruchsrecht aufhalten, alleine durchsetzen kann er sie jedoch auch hier nicht. Für einen Beschluss im Rat ist immer eine Mehrheit nötig, die eines Konsenses bedarf.

In Fragen der Verwaltung obliegt in allen Ländern, außer Hessen, die alleinige Leitung dem Bürgermeister, der sich dabei an geltende Vorschriften und Rechtslagen zu halten hat, aber in letzter Instanz frei vom Willen des Rates ist.

Daraus ergibt sich, dass der Bürgermeister zwar immer die Möglichkeit hat, in das Aufgabenfeld des Rates einzugreifen, umgekehrt der Rat aber nicht wirklich in die Aufgaben der Verwaltungsleitung, also die des Bürgermeisters eingreifen kann.

In Hessen herrscht diese Trennschärfe nicht, da der Bürgermeister nicht alleiniger Verwaltungsleiter in dem ansonsten vom Rat gewählten Magistrat ist. Hier können also beide Seiten in die Aufgaben der jeweils anderen eingreifen und sind somit permanent in allen Belangen gezwungen einen Konsens zu finden.

Durch diese verfassungsgemäßen Aufgabenverteilungen mit je mehr oder minder scharfer Trennungslinie zwischen dem Bürgermeister und der Gemeindevertretung, ergibt sich nun durchaus Potential für Kompetenzstreitigkeiten und daraus resultierend weitreichende Probleme für das gemeinsame Regieren der Kommune. Stehen sich die entscheidenden Organe, Gemeindevertretung und Verwaltung, frontal gegenüber und sind nicht gewillt eine Einigung zu erzielen, vielleicht eben aus Motiven der Zuständigkeit heraus, so stagniert die Kommunalpolitik und kann nachhaltigen Schaden erleiden.

Welche besonderen Charakteristika die jeweiligen Aufgabenfelder der Akteursgruppen Bürgermeister und Gemeindevertretung auszeichnen, basiert auf der Grundlage der Kommunalverfassung als rahmengebendes Organ, wie oben beschrieben. Die einzelnen Personen der beiden Akteursgruppen werden hingegen unter 4. und 5. genauer betrachtet.

4. Das Bürgermeisteramt als Hauptamt

In Deutschland gibt es bundeslandspezifisch die Unterscheidung des Bürgermeisteramtes in Hauptamt und Ehrenamt, wobei dabei die Flächenländer für die vielen kleineren Kommunen eher ehrenamtliche Bürgermeister vorsehen und für größere Kommunen hauptamtliche (vgl. Bertelsmann, DST, DStGB; 2008; S.10ff.). Grundsätzlich zeigt sich in allen Bundesländern, dass ab einer gewissen Größe und politischen wie wirtschaftlichen Bedeutung der Kommune für das Bundesland die Bürgermeister hauptamtlich sind. Ab welcher Kommunengröße ein Bürgermeister hauptamtlich ist, unterscheidet sich je nach Bundesland und kann bereits bei 2.000 Einwohnern der Gemeinde, wie in Baden-Württemberg, aber auch erst zwingend ab 8.000 Einwohner, wie in Schleswig-Holstein, der Fall sein (vgl. Bertelsmann, DST, DStGB; 2008; S. 11, S. 18 u. S. 41).

Dies spricht für eine Korrelation zwischen Höhe des Anforderungsprofils und Kommunengröße. Dass der Bürgermeister stets die Leitung der Verwaltung darstellt oder Teil dieser Leitung wie im hessischen Magistrat ist, bestätigt diesen Schluss.

Auch ist mit einer zunehmenden Kompetenzausstattung der Bürgermeister, nach dem Vorbild der Süddeutschen Verfassung, zu rechnen (vgl. Holtkamp; 2008; S. 657 f.). Diese wachsende Kompetenzausstattung steigert den Professionalisierungsanspruch an Bürgermeister sowie die Zunahme der hauptamtlichen Tätigkeit und ist derzeit als bundesweiter Entwicklungstrend zu beobachten (vgl. Bertelsmann/DST/DStGB; 2008; S. 23).

Verdeutlicht wird der zunehmende Trend zu hauptamtlichen Bürgermeistern auch dadurch, dass in der Altersgruppe der 50 – 59 jährigen Bürgermeister, die Verteilung zwischen haupt- und ehrenamtlichen relativ gleich ist, bei älteren jedoch die ehrenamtlichen und bei jüngeren Bürgermeistern die hauptamtlichen signifikant überwiegen (vgl. Bertelsmann/DST/DStGB; 2008; S. 21).

Ein konkretes Beispiel für die zunehmende Professionalisierung der Bürgermeister auch in kleineren Kommunen gibt ein Artikel aus der FAZ über den

Bürgermeister Christoph Meineke aus der Gemeinde Wennigsen in Niedersachsen. In diesem Artikel wird mehrfach darauf hingewiesen, wie positiv es sei, dass eine qua Hochschulabschluss entsprechend hochqualifizierte Person Bürgermeister werde und dann noch in einem Alter, das ihn bei Amtsantritt zu Deutschlands jüngstem Bürgermeister machte (vgl. FAZ; Nr. 59 vom 11.03.2011; Seite 3). Alleine die Tatsache, dass diesem Bericht in der Frankfurter Allgemeinen Tageszeitung, eine der bedeutendsten überregionalen Tageszeitungen Deutschlands, die weltweit vertrieben wird, die gesamte Seite 3 gewidmet wurde, unterstreicht die Bedeutung dieses Themas.

Für diese Arbeit werden daher die hauptamtlichen Bürgermeister betrachtet, so diese in den Quellen separat genannt sind.

4.1 Sozialprofil eines Bürgermeisters

Für ein besseres Verständnis der Person Bürgermeister ist die Betrachtung des Sozialprofils wichtig, da es über Informationen wie Familienstand, Alter, Bildungsabschluss und berufliche Herkunft wichtige Perspektiven eröffnet, die ggf. die Handlungsmotivation oder ein bestimmtes Vorgehen erklären können. So kann bei einem hohen Anteil an Akademikern ein entsprechend häufiger auftretendes analytisches Handeln der Bürgermeister erwartet werden.

Für diese Auswertung wird die Studie „Beruf Bürgermeister/in" der Bertelsmann Stiftung, des Deutschen Städtetages (DST) und des Deutschen Städte- und Gemeindebundes (DStGB) herangezogen, welche ein recht klares Sozialprofil deutscher Bürgermeister herausstellt. Für die Auswertung werden dabei, so in der Studie separat genannt, die Angaben für hauptamtliche Bürgermeister herangezogen.

4.1.1 Persönliche Daten

Hierbei ist zunächst auffällig, dass lediglich 5% aller befragten Bürgermeister Frauen sind. Das Gros der Bürgermeister insgesamt ist mit 50% zwischen 50 und 59 Jahre alt. Während ehrenamtliche Bürgermeister in den Alterskohorten ab 50 Jahren eher überwiegen, sind es bei den unter 50-jährigen die hauptamtlichen Bürgermeister, was ein weiterer Hinweis auf o.g. Trend der Professionalisierung ist (vgl. Bertelsmann/DST/DStGB; 2008; S. 20 f.).

90% aller Bürgermeister sind verheiratet und ebenso viele haben eigene Kinder. Geschlechterspezifisch interessant ist hierbei, dass von den Kinderlosen mehr Frauen sind. Von ihnen haben 23% keine Kinder, während bei den Männern 9% kinderlos sind (vgl. Bertelsmann/DST/DStGB; 2008; S. 21 f.).

4.1.2 Bildungsniveau und Herkunft

Mit 57% hat eine signifikante Mehrheit der hauptamtlichen deutschen Bürgermeister einen Hochschulabschluss und 4% sind promoviert. Mit 20% folgt der Realschulabschluss, anschließend das Abitur mit 12% und schließlich die Hauptschule mit 6%. In Korrelation mit dem Alter wird deutlich, dass mit zunehmendem Alter das Bildungsniveau geringer ist. Diese Entwicklung ist aktuell soweit fortgeschritten, dass bereits bis in die Gruppe der 50 – 59 Jährigen die klare Mehrheit der Bürgermeister einen Hochschulabschluss hat. Der größte Anteil der Promovierten findet sich bei den unter 40 Jährigen (vgl. Bertelsmann/DST/DStGB; 2008; S. 23).

Insgesamt 78% aller Bürgermeister haben abseits der schulischen Bildung noch eine Ausbildung absolvierten, wobei diese bei 42% aller Bürgermeister im Öffentlichen Dienst und bei 35% in der Privatwirtschaft erfolgte (vgl. Bertelsmann/DST/DStGB; 2008; S. 24).

Ein gravierender Unterschied zwischen Bürgermeistern und dem Durchschnitt der deutschen Bevölkerung ab 18 Jahren liegt in den Extremen der Bildungsspanne vor. Mit 11% der Bürgermeister, die einen Hauptschulabschluss haben, sind dies signifikant weniger, als der entsprechende Anteil der Bevölkerung, welcher bei 44% liegt. Umgekehrt haben mit 54% signifikant mehr Bürgermeister einen Hochschulabschluss, als die Bundesbürger über 18 Jahren mit 12%. Bürgermeister haben folglich ein durchschnittlich höheres Bildungsniveau, als die Bevölkerung (vgl. Bertelsmann/DST/DStGB; 2008; S. 22 f.).

In Städten über 50.000 Einwohnern ist das Bildungsniveau der Bürgermeister mit Abstand am höchsten. Hier sei darauf hingewiesen, dass diese bundesweit einheitlich hauptamtlich tätig sind. Von ihnen haben 90% einen Hochschulabschluss und 21% einen Doktortitel (vgl. Bertelsmann/DST/DStGB; 2008; S. 23).

Betrachtet man die Herkunft der Bürgermeister in Deutschland, so fällt zunächst auf, dass lediglich 2% aller Bürgermeister einen Migrationshintergrund haben, was eine andere Staatsbürgerschaft bedeuten kann, aber auch solche Bürgermeister meint, bei denen mindestens ein Elternteil aus einem anderen Land kommt. Eine Korrelation zu Kommunengröße, Bildungsniveau und regionaler Herkunft konnte dabei nicht festgestellt werden (vgl. Bertelsmann/DST/DStGB; 2008; S.25).

Da die Spanne der Definition des Migrationshintergrundes in der Umfrage relativ weitreichend formuliert ist, lässt es die Vermutung zu, dass die tatsächliche Anzahl der Bürgermeister in Deutschland, die *in persona* tatsächlich eine andere Staatsbürgerschaft haben, verschwindend gering ist.

Einen direkten Bezug zu der Kommune durch die Geburt in selbiger und die dort verlebte Kinder- und Jugendzeit weisen 22% der Bürgermeister auf. Weitere 29% sind entweder direkt in der Kommune geboren oder aufgewachsen und wieder 18% geben an, dass sie in der Umgebung der Gemeinde geboren oder aufgewachsen sind. Damit haben rd. 70% der Bürgermeister einen klaren persönlichen Bezug zu ihrer Kommune. Hierbei ist auffällig, dass diejenigen, die eher keinen lokalen oder regionalen Hintergrund haben, ein eher höheres Bildungsniveau aufweisen und umgekehrt. Von den parteilosen Bürgermeistern trifft die fehlende regionale Bindung auf 42% zu und bei unabhängigen Bewerbern für das Amt auf 50%. Die Größe der Kommune hat hingegen keinen Einfluss auf diesen Faktor, sprich die Verteilung der Bürgermeister mit und ohne regionalen Hintergrund zeigt keine Korrelation mit der Ortsgröße (vgl. Bertelsmann/DST/DStGB; 2008; S. 24 f.)

4.1.3 Tätigkeiten vor dem Bürgermeisteramt

Die Betrachtung des Tätigkeitsprofils der Bürgermeister vor ihrem Amtsantritt konzentriert sich einerseits auf vorangegangene politische Aktivitäten derselben und andererseits auf ihre frühere Berufstätigkeit sowie die entsprechende Sparte.

Zunächst wird hier die politische Vergangenheit der Bürgermeister betrachtet. Entsprechend der Altersverteilung der amtierenden Bürgermeister ist auch die Dauer der aktiv betriebenen Kommunalpolitik verteilt. Diejenigen, die älter sind, haben dabei eher eine längere kommunalpolitische Vergangenheit. Auch insgesamt betrachtet kann man sagen, dass Bürgermeister eher eine kommunalpolitische Vergangenheit haben und eine relative Mehrheit von 40% bereits 20 Jahre oder länger kommunalpolitisch aktiv ist. Eher die Ausnahme bilden diejenigen Bürgermeister, die vor dem 20. Lebensjahr kommunalpolitisch aktiv waren (vgl. Bertelsmann/DST/ DStGB; 2008; S. 26).

Insgesamt haben vor der Amtszeit als Bürgermeister 57% ein politisches Amt ausgeübt, wovon wiederum 43% Mitglied des Gemeinderates waren. 40% aller Bürgermeister hingegen haben mit diesem Amt auch ihr erstes kommunalpolitisches Amt inne (vgl. Bertelsmann/DST/DStGB; 2008; S. 31).

Betrachtet man nun die frühere Berufstätigkeit, bietet die vorliegende Studie zwar nicht sehr detaillierte Angaben über einzelne Berufe, macht aber deutlich, aus welchen Sektoren die Bürgermeister kommen. So haben insg. 74% zuvor im Öffentlichen Dienst gearbeitet, wobei 36% auf kommunaler Ebene tätig waren, damit also dem Anforderungsprofil des Bürgermeisteramtes als Leiter der kommunalen Verwaltung eher gewachsen sein müssten. 20% hingegen kamen aus der Privatwirtschaft, entweder als Angestellte oder als Selbstständige. Sie bilden aber die deutliche Minderheit unter den Bürgermeistern (vgl. Bertelsmann/DST/DStGB; 2008; S. 30).

4.1.4 Motive der Berufswahl

Die drei häufigsten Argumente bzw. Motivationen für die Berufswahl des Bürgermeisters sind „das Stadtbild gestalten" (97%), „Umgang mit

Menschen" (95%) und sich dem „Gemeinwohl verpflichtet" fühlen (90%). „Allgemeine politische Gestaltung" rangiert mit 57% auf dem vierten Platz und für 31% der Bürgermeister stellt die „öffentliche Anerkennung" einen starken bis sehr starken Grund zur Berfuswahl dar (vgl. Bertelsmann/DST/ DStGB; 2008; S. 31 f.).

„Politikgestaltung" ist dabei eher den hauptamtlichen und formal hochgebildeten, als ehrenamtlichen Bürgermeistern wichtig. „Öffentliche Anerkennung" sowie „Freude an einer Machtposition" ist eher den Bürgermeistern aus Gemeinden mit mehr als 50.000 Einwohnern wichtig. Die „finanzielle Vergütung" und die „Pensionsansprüche" sind für jeweils rd. 20% der haupt- und ehrenamtlichen Bürgermeister wichtig (vgl. Bertelsmann/DST/ DStGB; 2008; S. 33).

4.2 Tätigkeitsprofil

Spätestens seit den Reformen in den 1990er Jahren, ist der Bürgermeister nicht mehr nur der Leiter der Kommunalverwaltung, sondern durch seine direktdemokratische Legitimation auch ein Volksvertreter, der das Interesse der Bevölkerung in seinem Handeln berücksichtigen und vertreten soll. Daraus ergibt sich ein heterogenes Anforderungsprofil für Bürgermeister, denn sie müssen als Verwaltungsleiter den Weisungen des Bundes und des Landes nachkommen und diese auf kommunaler Ebene umsetzen, sich dabei aber eben auch ihrer repräsentativen Stellung gewahr sein.

Insgesamt wurde die Stellung des Bürgermeisters gegenüber dem Rat aber auch gegenüber den Bürgern durch die Reformen in den 1990er Jahren enorm gestärkt (vgl. http://www.verwaltungmodern.de/wp-content/uploads/ 2007/04/ entwicklungbuergermeisterberuf.pdf; S. 1; zuletzt besucht am 14.11.2011).

Dem Bürgermeister kommen nunmehr drei Aufgabenfelder zu, in denen er sich beweisen muss: die Mitgliedschaft im Rat bzw. der Gemeindevertretung und in einigen Bundeländern auch deren Vorsitz, die Leitung der kommunalen Verwaltung sowie die Repräsentation der Gemeinde an sich bzw. der Bürger der Gemeinde.

Ein genaueres Bild des Tätigkeits- und damit Anforderungsprofils der Bürgermeister soll durch die separate Erläuterung der drei o.g. Bereiche gegeben werden.

Dabei werden diese ausgehend von einem Ideal betrachtet, ohne den Anspruch zu erheben, dass jeder Bürgermeister all diese Aufgaben in ihrer Vollständigkeit umsetzt oder umsetzen kann.

4.2.1 Ratsmitgliedschaft

In jedem Bundesland und somit in jeder Kommune ist der Bürgermeister auch Mitglied des Rates, also der Gemeindevertretung. In den Kommunen, die eine duale Rat-Bürgermeister-Verfassung unter einer Spitze haben, ist der Bürgermeister auch gleichzeitig dessen Vorsitzender. Somit kommt dem Bürgermeister in jedem Fall eine Beteiligungsmöglichkeit mit entsprechenden Anforderungen zu. Er muss seine Meinung artikulieren, Mehrheiten organisieren und sich dem möglichen *quid pro quo* Anspruches eines solchen Gremiums unterordnen.

Er ist somit also Teil des wichtigsten Beschlussorgans der Kommune und kann über Ratsbeschlüsse seine eigenen Anweisungen bzw. die an die Verwaltung gerichteten Anweisungen mit formulieren oder zumindest entscheidend auf diese einwirken.

4.2.2 Leitung der Kommunalverwaltung

Unter den Aspekt der Leitung der Kommunalverwaltung fallen die Vorbereitung und Umsetzung der Beschlüsse des Rates, wie oben angesprochen, die gesetzliche Vertretung der Gemeinde nach außen und nach innen, die sachgerechte Erledigung der Weisungsaufgaben aus Bund und Land sowie der Dienstvorsitz der Mitarbeiter der Gemeinde (vgl. http://de.wikipedia.org/wiki/Bürgermeister; zuletzt besucht am 14.11.2011 & Kleinfeld/Schwanholz/ Wortmann; 2000; S. 80 f.).

Diese Aufgaben, vergleicht man sie mit einer Position in der freien Wirtschaft kommen denen eines Geschäftsführers gleich, der einem Aufsichtsrat verpflichtet ist. Dadurch lässt sich die weitreichende Zuständigkeit sicherlich relativ gut verdeutlichen.

Der Bürgermeister ist also in dieser Funktion der Leitung der Kommunalverwaltung für die sachgerechte und ordnungsgemäße Durchführung sowie Umsetzung aller Aufgaben der Verwaltung und für alle Mitarbeiter der Verwaltung zuständig und verantwortlich. In letzter Instanz obliegen heute ihm alleine Personalentscheidungen innerhalb der Verwaltung (vgl. Rudzio; 2003; S. 415 u. Kleinfeld/Schwanholz/Wortmann; 2000; S. 81).

Damit ist der Bürgermeister ob der Verwaltungsleitung auch Repräsentant und Rechtsvertreter der Gemeine, d.h. dass er im Namen der Gemeinde Verträge schließt z.B. mit privaten Entsorgungsunternehmen oder Wasserwerken im Bereich der Wasseraufbereitung usw.

4.2.3 Repräsentativfunktion

Nachdem es nun keine Kommunen mehr gibt, in denen der Bürgermeister vom Rat gewählt wird, sondern nur noch solche, in denen er in jedem Fall direkt vom Volk gewählt wird, ist es Aufgabe des Bürgermeisters, diese Legitimation entsprechend zu vertreten, also stärker als vorher im Interesse der Gemeinde nach bestem Wissen und Gewissen zu handeln.

Diese Repräsentation, die u.a. eine verpflichtende Bindung an Wahlversprechen usw. bedeuten kann, impliziert, dass er sich in jeder der o.g. Funktionen und deren Ausübung an diese Repräsentation bzw. Verpflichtung gegenüber den Bürgern gebunden fühlt.

Dabei sind die Sanktions- bzw. Abwahlmöglichkeiten, die das Volk hat, wenn er dieser Pflicht nicht nachkommt, von Bundesland zu Bundesland verschieden.

In Bayern und Baden-Württemberg sind Bürgermeister generell nicht abwählbar, während es in den übrigen Flächenländern die Möglichkeit gibt, diesen über ein Bürgerbegehren und einen anschließenden Bürgerentscheid abzuwählen. In den entsprechenden Kommunen steht dem Rat ebenfalls die Möglichkeit offen, ein solches Verfahren per Ratsbegehren zu initiieren. Die eigentliche Abwahl muss jedoch auch hier durch einen Bürgerentscheid herbeigeführt werden (vgl. Fuchs; 2007; S. 27).

Es zeigt sich also, dass in den Ländern, die in den 1990er Jahren eine Reform der Kommunalverfassung durchführten, wobei sie sich recht stark an der süddeutschen Kommunalverfassung orientierten, diesen Aspekt nicht übernommen haben, sondern die Repräsentativfunktion des Bürgermeisters einer entsprechenden Kontrollierbarkeit durch das Volk unterordneten.

4.3 Zusammenfassung und Auswertung

Nach den zuvor beschriebenen Ergebnissen zum Sozialprofil und dem Tätigkeitsprofil der Bürgermeister ist sicherlich der wichtigste Aspekt zur weiteren Auswertung in dieser Arbeit, dass sich nunmehr alle Bürgermeister auf eine direktdemokratische Legitimation berufen können und somit nicht mehr der Gunst des Rates unterliegen sondern diesem in puncto Legitimation ebenbürtig sind, was im schlechtesten Fall zu einem *devided government* führen kann, nämlich wenn keiner der Akteure alleine entscheiden kann (vgl. Rudzio; 2003; S. 415 f., Holtkamp; 2008; S. 654 u. http://www.verwaltungmodern.de/wpcontent/uploads/2007/04/entwicklungbue rgermeisterberuf.pdf; S.1 ff.; zuletzt besucht am 14.11.2011).

Des Weiteren ist ein deutlicher Professionalisierungstrend unter den Bürgermeistern zu erkennen. Dies wird deutlich in der jeweiligen Korrelation zwischen Bildungsniveau und Alter bzw. Dauer der kommunalpolitischen Tätigkeit und Alter der Bürgermeister. Demnach haben jüngere Bürgermeister bis zum Alter von 39 Jahren zu knapp 40% unter 5 Jahre Erfahrung in der Kommunalpolitik, dafür aber mit insg. 65% Hochschulabschluss- bzw. Promotionsquote ein wesentlich höheres Bildungsniveau, als ältere Bürgermeister. Die vormals große Bedeutung einer bei Amtsantritt bereits vorhandenen kommunalpolitischen oder allgemeinen politischen Vergangenheit scheint immer mehr einer gesteigerten Personalisierungsanforderung zu weichen.

Die Erfassung der Kommunengrößen in Deutschland zeigt, dass 40% der Gemeinden weniger als 2.000 Einwohner haben. Ebenfalls waren 40% der

Bürgermeister vor ihrer Tätigkeit als Bürgermeister in der kommunalen Verwaltung tätig. 3% der Bürgermeister waren hingegen vorher im Öffentlichen Dienst auf Bundesebene tätig und ca. 2% der Gemeinden haben Einwohnerzahlen von über 100.000. Dies kann u.U. ein Hinweis für eine Korrelation zwischen der Ebene der vorherigen Tätigkeit im Öffentlichen Dienst und der Größe der Gemeinde, deren Bürgermeister sie nun sind, sein. Das kann jedoch hier nicht weitergehend belegt werden (vgl. Bertelsmann/DST/DStGB; 2008; S. 19 u. S. 30). Das bedeutete jedoch, dass je nach Kommunengröße und entsprechend steigenden Anforderungen an die Bürgermeister auch deren Erfahrungshorizont höher ist und die vorherige berufliche Position, somit auch deren Qualifikation (vgl. http://www.verwaltungmodern.de/wp-content/uploads/2007/04/entwicklung buergermeisterberuf.pdf; S. 4 u. S.10; zuletzt besucht am, 14.11.2011).

Im Hinblick auf die Motivation zur Berufswahl deckt sich der Anteil derjenigen, die vorher nicht im Öffentlichen Dienst tätig waren mit denjenigen, die angaben, dass für sie die Vergütung bzw. die Pensionsansprüche die relevante Rolle bei der Berufswahl spielten. Beide liegen jeweils bei 20% (vgl. Bertelsmann/DST/DStGB; 2008; S. 30 f.). Auch hier findet sich ein Hinweis auf eine mögliche Korrelation.

Ungeklärt bleibt bisher die Frage nach dem Fortschritt der Veränderung des Denk- und Wahrnehmungsprozesses nach den Reformen in den 1990er Jahren bei den Bürgermeistern, die bereits vorher im Amt waren oder deren gedankliche Einstellung vorher geprägt wurde und die bei den Umfragen und Erhebungen beteiligt waren.

Abschließend kann zu der Rolle des Bürgermeisters gesagt werden, dass sich diese durch die verschiedenen Funktionen des Bürgermeisters, und einen zunehmenden Grad an Komplexität der Anforderungsprofile, zunehmend in mehrere Teilrollen untergliedert, was zu einer steigenden Heterogenität der Funktion als Bürgermeister führt. Gleichzeitig unterliegt er mehr denn je der Kontrolle der Bürgerschaft, die in vielen Ländern sogar mit einem Sanktionsrecht ausgestattet ist.

Mit dieser Entwicklung und abhängig von dem mehr oder minder erfolgreichen Absolvieren dieser Aufgaben, steigt entsprechend auch das selbstempfundene Ansehen und dadurch auch das Ansehen, welches man von anderen Menschen reklamiert.

Da das Amt des Bürgermeisters immer direkter einer Führungsposition in der Wirtschaft gleicht, abgesehen von der finanziellen Entlohnung, steigt auch der Druck auf den einzelnen immer mehr (vgl. http://www.verwaltungmodern.de/wp-content/uploads/2007/04/entwicklung buergermeisterberuf.pdf; S. 14; zuletzt besucht am 14.11.2011).

5. Ehrenamtliche Akteure der Kommunalparlamente

Nachdem sich nun aus der Betrachtung der Kommunalverfassungsstruktur und des Sozialprofils der Bürgermeister sowie deren Tätigkeiten ein recht deutliches Bild zeichnet, was die Bürgermeister betrifft, soll nun die andere Seite in Form der ehrenamtlichen Ratsmitglieder strukturell beleuchtet werden. Sie sind, allgemein formuliert, das repräsentative Gegengewicht zum Bürgermeister bzw. der Kommunalverwaltung und das höchste Beschlussorgan einer Kommune. Trotz der Ähnlichkeit zu einem Parlament, wird der Gemeinderat der Exekutive zugerechnet, da er vor allem Beschlüsse des Bundes oder des Landes auf kommunaler Ebene umsetzt und diese per Beschluss lediglich in einigen Detailfragen definieren kann (vgl. http://de.wikipedia.org/wiki/Gemeinderat_(Deutschland); zuletzt besucht am 16.11.2011).

Als von jeher vom Volk gewähltes Parlament auf kommunaler Ebene, ziehen sie ihre Legitimation schon immer aus der demokratischen Wahl der Bürger. Je nach Kommunalverfassung werden sie dabei meist auf vier, in den neuen Ländern durchweg auf fünf Jahre und teils auf sechs oder gar acht Jahre gewählt (vgl. Brockhaus multimedia; 2009; Stichwort: Gemeinde u. Kleinfeld/Schwanholz/Wortmann; 2000; S. 18 ff.).

Um nun von diesem Gremium eine bessere Vorstellung zu bekommen, die einen direkten Vergleich sowie eine weitere Auswertung ermöglicht, werden hier zunächst die Aufgaben und Funktionen des Rates näher beschrieben.

5.1. Aufgaben des Gemeinderates

Die Aufgaben des Rates lassen sich bundeslandübergreifend in drei Bereiche teilen: die Funktion als oberstes Beschlussorgan einer Gemeinde, die Funktion als Kontrollinstanz des Ober-/Bürgermeisters sowie die Repräsentativfunktion des Rates und seiner Mitglieder.

Bereits die Begrifflichkeit der zuletzt genannten Funktion zeigt auf, welche Probleme sich hieraus ergeben können, was im weiteren Verlauf deutlich wird.

Insgesamt unterliegen diese drei Tätigkeitsbereiche immer den Merkmalen klassischer Politik, also dem politischen Kampf um die Mehrheit der Wählerstimmen und entsprechend mehr Sitze im Rat. Daraus resultierend gibt es seit 1975/76 einen deutlichen Trend der politischen Parteien, auf kommunalpolitischer Ebene aktiv zu sein, was die in jenen Jahren erstmals verfassten parteipolitischen Grundsatzprogramme für Kommunalpolitik eindrücklich belegen (vgl. Rudzio; 2003; S. 400 ff.).

Diese Politisierung der kommunalen Ebene macht deutlich, welches Potential die Kommunalpolitik bietet, da die Mehrheit im Rat, besonders, wenn diese eine absolute darstellt, sonst aber auch durch Koalitionen möglich, die jeweiligen Parteien in Form der Ratsmitglieder in die Lage versetzt, die Kommune politisch zu regieren. Dies führt bereits zu dem ersten Tätigkeitsbereich des Rates.

5.1.1 Oberstes Beschlussorgan

Als oberstes Beschlussorgan der Kommune hat der Rat die Aufgabe, politische Entscheidungen zu fällen. Hier spricht man auch vom *steering* der Kommunalpolitik Aufgabe des Rates ist das *Was* zu definieren, also eine Vorgabe der strategischen Ausrichtung zu formulieren, während im Gegensatz dazu der Verwaltung eigentlich das *Wie* zukommt (vgl. Saliterer; 2009; S. 149).

Nach diesen Maßstäben fallen dem Rat all jene Aufgaben zu, die nicht direkt von Bundes- oder Landesebene der Kommunalverwaltung und somit dem Bürgermeister zur Umsetzung aufgetragen werden und somit unter die Selbstverwaltungsangelegenheiten fallen.

Diese Selbstverwaltungsangelegenheiten lassen sich wiederum in zwei Kategorien gliedern. Zunächst gibt es die freiwilligen Aufgaben der Selbstverwaltung, wie Kultur, Sportstätten, Verkehrsbetriebe und Wirtschaftsförderungen. Dies kann, wie bei Verkehrsbetrieben, auch die Gründung kommunaler Unternehmen meinen (vgl. Rudzio; 2003; S. 419).

Ein weiteres Feld innerhalb der Selbstverwaltung sind die weisungsfreien Pflichtaufgaben, wie das Anlegen und die Erhaltung der Gemeindestraßen, das Anfertigen von Bebauungsplänen der Kommune, den Bau von Schulen etc. Die Kommune ist in diesem Dingen verpflichtet, sie zu erledigen, hat dabei aber Gestaltungsfreiraum, welcher dem Rat obliegt (vgl. Rudzio; 2003; S. 420f.).

Einige Beispiele für konkrete Aufgaben des Rates sind die Aufstellung von Richtlinien, nach denen die Verwaltung geführt werden soll, Gebietsänderungen, der Erlass der Haushaltssatzung der Kommune, Entscheidungen über Aufnahme von Krediten und Übernahme von Bürgschaften. Weiter kann der Rat sogenannte ‚Ortsgesetze' erlassen und streichen, die u.a. die Nutzung öffentlicher Räume wie Bibliotheken o.ä. regeln (vgl. http://www.hannover.de/de/buerger/entwicklung/oberbuergermeister_rat_bezirksraete/rat/aufg_rat.html u. http://www.braunschweig.de/politik_verwaltung/politik/ratderstadt/aufgaben.html; beide zuletzt besucht am 16.11.2011).

Für einzelne Aufgaben, kann der Rat separate Gremien, sogenannte Ausschüsse einberufen, die sich mit der Thematik inhaltlich beschäftigen und entsprechende Beschlussvorlagen für den Rat erarbeiten. Diesen Ausschüssen wohnt der Bürgermeister jedoch in jedem Falle bei, sitzt ihnen je nach Verfassung sogar in einigen Gemeinden vor (siehe dazu Anhang; Abbildung I).

Innerhalb dieser Bereiche kann der Rat nach entsprechenden Beschlussverfahren operieren und ggf. der Verwaltung die Umsetzung auftragen.

Verbunden mit dieser Funktion ist der Rat auch eine der Instanzen, die Vorlagen in die Ratssitzungen zur Abstimmung einbringt, allerdings hängt deren Durchsetzungsfähigkeit stark davon ab, wie die Verwaltung sie beurteilt, sprich der Bürgermeister. Hierbei geht es um juristische Feinheiten oder andere spezielle Sachverhalte, die wiederum der Verwaltung zufallen. Die meisten Vorlagen gehen daher auf die Verwaltung zurück bzw. entsprechend einer thesenhaften Vermutung in den Politikwissenschaften, auf einen Kreis von *Vorentscheidern*, welcher sich aus führenden Vertretern des politischen sowie des administrativen Bereichs zusammensetzt (vgl. Rudzio; 2003; S. 413 f.).

Neben der Funktion des Rates, als oberstes Beschlussorgan in der Kommune zu agieren und diese so aktiv im Sinne der Bürger zu gestalten, kommt dem Rat die wichtige Aufgabe der Kontrollinstanz zu.

5.1.2 Kontrollinstanz

Als eine der schwierigsten Aufgaben gilt die Funktion des Rates, als Kontrollinstanz zu agieren und somit das Wirken der Verwaltung, somit auch des Bürgermeisters, im Sinne des Wohls der Gemeinde und der Bürger zu prüfen und ggf. auf Fehlverhalten hinzuweisen oder gar juristische Maßnahmen zu ergreifen. Die weitreichendste Handlungsmöglichkeit des Rates, welche in sämtlichen Kommunalverfassungen vorgesehen ist, bietet die Abwahl des Bürgermeisters durch einen qualifizierten Ratsbeschluss (vgl. Kleinfeld/Schwanholz/Wortmann; 2000; S. 37 u. Rudzio; 2003; S. 404).

Die Aufgabe der Kontrolle des Bürgermeisters impliziert, dass alle seine Aufgaben beobachtet und geprüft werden müssen. Dies wiederum heißt, dass der Rat mindestens das gleiche Arbeitsaufkommen bewältigen muss, wie der Bürgermeister, dessen Aufgaben immer mehr zunehmen, wie bereits unter 4.2 erläutert. Streng genommen muss der Rat noch mehr leisten, da er diese Aufgaben noch einer intensiven Prüfung unterziehen muss, was theoretisch eine höhere Qualifikation verlangt, als die des Bürgermeisters und der Verwaltung, da der Rat sonst nicht im Stande wäre, deren Tun zu bewerten. Welche Probleme sich ggf. daraus ergeben, wird unter 5.4 Erwähnung finden.

Nach welchen, eventuell parteipolitischen Programmatiken der Rat seine o.g. Funktionen erfüllt, hängt insbesondere von seiner Zusammensetzung ab, welche im Folgenden erläutert wird.

5.1.3 Repräsentativfunktion

Auch hier, wie schon bei den Bürgermeistern, variieren die Wahlperioden in je nach der entsprechend gültigen Kommunalverfassung zwischen vier, fünf oder sechs Jahren (vgl. Rudzio; 2003; S. 405).

Durch das Wahlprozedere, welches sich ebenfalls je nach Kommunalverfassung zwischen den *Extremen* des Mehrheitswahlrechtes und des Verhältniswahlrechtes bewegt, wird dem Rat die demokratische Handlungslegitimation durch die Bürger erteilt. Dabei unterscheidet sich je nach Bundesland auch die Anzahl der Stimmen, die den Wählern zu Verfügung stehen. So steht dem Wähler in Nordrhein-Westfahlen und Schleswig-Holstein eine Stimme zur Verfügung, während er in Niedersachen drei Stimmen hat. Daran geknüpft unterscheidet sich auch, ob eine starre Liste zur Auswahl steht oder ob durch freie Listen der Bürger die Möglichkeit hat, seine Stimmen personenbezogen zu vergeben, wobei er maximal bis zu drei Stimmen auf einem Kandidaten vereinen darf, wie es z.B. in Bayern möglich ist. Dementsprechend sind Parteien in den Kommunen mit starren Listen prinzipiell angehalten, eine Gesamtliste zu erstellen, die eine für den Wähler attraktive Kompetenzmischung darstellt (vgl. Kleinfeld/Schwanholz/ Wortmann; 2000; S. 23 ff.).

Dabei ist der Rat qua Wahlverfahren und erhaltener Legitimation natürlich angehalten, dem Willen der Bürger in seinem Tun zu entsprechen bzw. diesen möglichst wiederzugeben, dazu aber nicht verpflichtet. Durch die Installation einer Sperrklausel im Wahlprozess, welche zwar eine faktische Verletzung der Wahlgleichheit bedeutet, wird zum einen verhindert, dass kleine Extremgruppen in den Rat gelangen und zum anderen, eben durch diesen Ausschluss, dass solche kleinen Fraktionen die Handlungsfähigkeit des Rates einschränken. Da der kommunale Rat jedoch keine legislative Funktion erfüllt, sprich keine Gesetze erlässt, wird diese Sperrklausel stets heftig diskutiert (vgl. Kleinfeld/Schwanholz/Wortmann; 2000; S. 26 f.).

Durch die bereits erwähnte zunehmende Parteipolitisierung der kommunalen Politik seit den 1970er Jahren, finden sich auf kommunalpolitischer Ebene auch häufiger grundsätzliche Debatten zwischen den verschiedenen Fraktionen wieder. Dies ist insoweit reziprok, als sich durch Kommunalwahlen nunmehr auch die allgemeine, wie Rudzio es nennt, „politische Großwetterlage" (Rudzio; 2003; S. 402).ablesen lässt, wie das bereits genannte Ergebnis der Wahlen in Baden-Württemberg 2011 nach *Stuttgart 21* und *Fukushima* zeigte (vgl. Rudzio; 2003; S. 402).

Durch die sich aus den o.g. Punkten ergebende schwierige Aufgabe der Ratsmitglieder, stellt sich weiterhin die Frage, welche Motivation zugrunde liegen kann, um sich für eine solche Wahl zu Verfügung zu stellen.

Um diese Motivationen identifizieren zu können, soll hier zunächst der hauptberufliche Hintergrund der Ratsmitglieder betrachtet werden, da sich aus diesem bereits Indizien für mögliche Motivationsmuster erkennen lassen.

5.2 Hauptberufliche Tätigkeiten und Sozialprofil der Ratsmitglieder

Neben der unter 2.1 beschriebenen allgemeinen Motivation ehrenamtlicher Akteure, wie es Ratsmitglieder auf kommunalpolitischer Ebene sind, können über ihre hauptberuflichen Hintergründe bereits Hinweise auf Handlungsmotivationen gewonnen werden.

Allgemein kann über Ratsmitglieder gesagt werden, dass unter ihnen diejenigen dominieren, die als Angestellte oder Beamte aus dem Öffentlichen Dienst auf kommunaler Ebene kommen. Weiterhin sind sie typischer Weise bereits lange am Ort ansässig, besitzen Land, sind also fest angesiedelt, betätigen sich im lokalen Vereinswesen und sind auffallend häufig zwischen 50 und 60 Jahre alt. Frauen sind unter ihnen, wie auch schon bei den Bürgermeistern, eher unterrepräsentiert (vgl. Rudzio; 2003; S. 412 f.).

Unterscheidet man die Ratsmitglieder nach dem Wahlsystem, so kann festgehalten werden, dass starre Listen eher solche Ratsmitglieder fördern, die eine intensive Parteibindung aufweisen oder eine Funktionärsposition in einem örtlichen Verband inne haben, während in Systemen mit Personenwahlrecht eher diejenigen dominieren, die eine lose oder gar keine Parteibindung haben und auch häufiger Mitglieder, die hauptberuflich aus der Selbstständigkeit kommen (vgl. Rudzio; 2003; S. 412 u. Holtkamp; 2008; S. 644).

Dennoch dominiert, wie bereits o.g., der Anteil derjenigen aus dem Öffentlichen Dienst in beiden Fällen (vgl. Rudzio; 2003; S. 412).

Aus diesem Ergebnis ergibt sich auch nach Rudzio ein wesentlicher Faktor für die Zusammensetzung der Räte, nämlich die zeitliche Verfügbarkeit der

Mitglieder. Diesen Aspekt unterteilt er in drei korrelierende Entwicklungen, aus deren Summe o.g. Ergebnisse hervorgehen (vgl. Rudzio; 2003; S. 412).

Zunächst nennt er den „[…] langsamen Abbau einer traditionellen Dominanz des selbständigen und unselbständigen Mittelstandes […]" in den Räten, was an einer zunehmenden zeitlichen Beanspruchung durch die Berufstätigkeit dieser Gruppen bedingt ist (vgl. Rudzio; 2003; S. 412).

Parallel dazu sowie durch diese Entwicklung gefördert, gab es eine Zunahme der Ratsmitglieder aus dem Bereich des Öffentlichen Dienstes, eben ob ihrer besseren, flexibleren und planbareren zeitlichen Verfügbarkeit (vgl. Rudzio; 2003; S. 412).

Die dritte Gruppe zeitlich abkömmlicher Mitglieder stammt aus Unternehmen, deren Leitung oder Inhaber ein besonderes Interesse an einem *heißen Draht* zur Kommunalpolitik und zu dem entscheidenden Organ nutzen wollen, wie z.B. Bauunternehmen etc. (vgl. Rudzio; 2003; S. 412).

Als letzte zunehmende Gruppe verweist Rudzio schließlich auf Gesellschaftsgruppen, die bereits aus dem Berufsleben ausgeschieden sind und daher die notwendige Zeit aufbringen können, wie z.B. Früh-/Rentner oder Hausfrauen, die keine Kinder mehr zu versorgen haben (vgl. Rudzio; 2003; S. 412).

Sicherlich ist der letzteren Gruppe eher in kleineren Gemeinden ein starkes Wachstum innerhalb des Rates zuzuordnen, als in großen Städten und Gemeinden, wo man eher einen Anstieg der Mitarbeiter aus dem Öffentlichen Dienst vorfindet.

Betrachtet man diese Entwicklung in den vergangenen Jahrzehnten und das Bild der aktuell am häufigsten vorkommenden Berufsgruppen innerhalb der Gemeinderäte, so stellt sich die Frage, ob es eine sie alle verbindende Motivation gibt, die sie zur politischen Aktivität veranlasst, zumal diese lediglich durch Aufwandsentschädigungen vergolten wird.

5.3 Handlungsmotivation

Die Frage nach einer möglichen Handlungsmotivation gestaltet sich bei den Ratsmitgliedern eher schwierig, schwieriger zumindest, als bei den hauptamtlichen Bürgermeistern, da die Gründe sehr verschiedener Couleur sein können. Um dennoch ein klareres Bild erlangen zu können, werden die einzelnen Möglichkeiten hier genauer beleuchtet.

Wie sich gezeigt hat, gehen Ratsmitglieder eher einer beruflichen Tätigkeit im Bereich der Öffentlichen Verwaltung nach. Das bedeutet, dass sie über feste Arbeitszeiten verfügen und auch nicht in den Abend hinein arbeiten müssen. Weiterhin treten in diesem Bereich selten bis nie unerwartete Verlängerungen der Arbeitszeit auf. Dabei erhalten die Mitarbeiter ein festes und über Jahre planbares Gehalt. Zusammengefasst ist ihr Leben also von Kontinuität und Sicherheit geprägt, wodurch sich finanzielle Motivationen ausschließen lassen, zumal sie als Ratsmitglieder ehrenamtlich, also unbezahlt und nur gegen Aufwandsentschädigung arbeiten.

Die mögliche Motivation, die Ratsmitgliedschaft als Anfang und möglicherweise Katalysator einer angestrebten politischen Karriere zu nutzen, kann ebenfalls größtenteils ausgeschlossen werden, da die Mitglieder mit durchschnittlich 50 bis 60 Jahren zu alt sind, als dass sie diese Möglichkeit nutzen könnten. Lediglich einige jüngere Mitglieder könnten ein solches Ansinnen haben, jedoch müssen sie nicht nur einer Partei beitreten und zur Wahl aufgestellt werden, sie müssen auch von den Bürgern gewählt werden. Damit betrifft diese Option letztendlich, wenn überhaupt, nur einen geringen Teil der Ratsmitglieder.

Indirekte finanzielle Vorteile, die nicht unbedingt in den Bereich der Illegalität fallen, können sich hingegen für solche Ratsmitglieder ergeben, die ihre hauptberufliche Tätigkeit in einem Unternehmen ausüben, welches davon profitiert, durch die Nähe zur kommunalen Politik früher von Entscheidungen und Projekten zu erfahren, oder wo es dem Ratsmitglied u.U. möglich ist, gewisse Entscheidungen im Sinne des Privatunternehmens zu fördern. So könnte die Mitgliedschaft in einem Ausschuss, welcher eine Vorlage zu Bebauungsplänen entwirft, für ein Ratsmitglied dann von Nutzen sein, wenn es dieses Land z.B. durch ein Bauunternehmen oder eine Investmentfirma kauft, solange es noch kein Bauland ist und anschließend wieder verkauft. Die Wertsteigerung, welche sich ergibt, wenn Ackerland zu Bauland wird, verspricht einen großen Gewinn. Die Mitgliedschaft im Rat bzw. einem entsprechenden Ausschuss verhilft in einem solchen Fall zu Insiderkenntnissen, die einen indirekten finanziellen Nutzen ermöglichen.

Besonders in ländlichen Gegenden kann dies ein interessanter Ansatz für die Suche nach Motivationen einzelner Ratsmitglieder sein. Für die Mehrheit der Ratsmitglieder kann dies aber bereits deshalb nicht infrage kommen, da nur ein geringer, wenn auch zunehmender Teil von ihnen überhaupt aus der privaten Wirtschaft kommt.

Daher bleibt für die Mehrheit der Ratsmitglieder auf kommunaler Ebene, die hauptberuflich im Öffentlichen Dienst tätig ist und zwischen 50 und 60 Jahre, nur eine altruistische Handlungsmotivation. Diese kann dabei von Person zu Person unterschiedlich sein. Sicherlich spielt die Verbundenheit zur eigenen Gemeinde ob des Durchschnittsalters der Personen eine wichtige Rolle, da sie bereits viele Jahre in dieser leben. Daraus könnte der Wunsch des aktiven Mitgestaltens der eigenen Gemeinde entstehen, welcher wiederum zur aktiven Politik führt.

Ebenso ist es denkbar, dass Menschen in diesem Alter nach einer neuen Aufgabe und einer gewissen Form von Bestätigung suchen, welche sie in der Tätigkeit als Ratsmitglied finden können.

Eine reine politische Überzeugung kann dagegen wohl eher ausgeschlossen werden, da sie meist in jüngeren Jahren dazu führt, politisch aktiv zu werden, also auch hier wieder auf einen eher kleineren Teil der Ratsmitglieder zurückgeführt werden kann.

Bedenkt man nun die durchschnittlichen Profildaten eines Ratsmitgliedes und die Wahrscheinlichkeit verschiedener Motivationsstränge und gleicht diese miteinander ab, so ergibt sich für die Mehrheit der Ratsmitglieder einer emotionale Befriedigung durch die ehrenamtliche politische Tätigkeit in der eigenen Gemeinde zum Wohle dieser und somit eine klassische altruistische

Handlungsmotivation und ein Streben nach Partizipation am politischen Prozess als Vertreter der Bürger.

5.4 Zusammenfassung und Auswertung

Aus den insgesamt unter 5. gesammelten Informationen über die Struktur kommunaler Räte sowie die Sozialprofile der Mitglieder folgt, dass es sich hierbei mehrheitlich um Personen handelt, denen eher keine eigennützigen oder gar finanziellen Interessen unterstellt werden können und die über ihr Alter zwar eine gewisse Lebenserfahrung erreicht haben, jedoch eher weniger Professionalität im Sinne einer spezifischen politischen Ausbildung zur Ausübung einer kommunalen Tätigkeit im Rat verfügen.

Da die Mehrheit der Ratsmitglieder aus dem Öffentlichen Dienst kommt, stellt sich hier die Frage, inwieweit sie ein Gegengewicht zum Bürgermeister und der Verwaltung darstellen und ein wirkliches Abbild der Bevölkerung sein können.

Die zunehmende Parteipolitisierung der kommunalen Ebene, welche insbesondere in großen Kommunen prägnant ist, sorgt zudem dafür, dass die Ratsmitglieder zunehmend an die Parteipolitik gebunden sind, wenngleich sich diese Tendenz noch nicht vollends in der Kommunalpolitik durchgesetzt hat. Mindestens aber das Wahlverhalten der Wähler zeigt deutlich, dass Kommunalwahlen zunehmend der politischen Meinung auf Bundesebene unterliegen und damit als Indikator der bundesweiten Wahlpräferenzen der Bevölkerung dienen können. Dies wird, wie bereits erwähnt, u.a. durch die Wahlen in Baden-Württemberg 2011 deutlich.

Auf den Mitgliedern des Rates lastet also insgesamt der Anspruch der Wähler, ggf. der einer Partei sowie ihrer Fraktion und ihr eigener Anspruch an ihre Tätigkeit. Um diese entsprechend erfüllen zu können und jede Entscheidung vorbereiten zu können, müssen sie viele Unterlagen und Informationen studieren und sich in verschiedenste Themen einarbeiten, was selbst durch die Vorarbeit entsprechend einberufener Ausschüsse immer noch sehr viel Arbeit und damit einen enormen zeitlichen Aufwand bedeutet. Ein Aufwand, den die Ratsmitglieder nicht bewältigen können, zumal ihnen immer mehr Aufgaben zufallen und diese auch von zunehmender Komplexität sind (vgl. Kleinfeld; 1996; S. 170 u. Rudzio; 2003; S. 411 f.).

Weiter muss der Rat als Bindeglied zwischen Verwaltung und Bürgern fungieren, die sich auf kommunaler Ebene zunehmend in zivilgesellschaftlichen Organisationen zusammenschließen und so ihre Interessen gebündelt vertreten.

Bezieht man nun zusätzlich noch die Aufgabe der Kontrolle des Bürgermeisters und der Verwaltung mit ein, was streng genommen bedeutet, dass der Rat nicht nur alle Handlungen nachvollziehen, sondern auch prüfen und bewerten muss, so wird klar, dass er hier noch einmal mindestens so viel zu leisten hätte, wie die Verwaltung selbst, um sie kontrollieren zu können.

Es bleibt dem Rat keine andere Möglichkeit, als in den meisten Fällen auf das korrekte Verhalten der Verwaltung und des Bürgermeisters zu vertrauen und sich um ein kollegiales Verhältnis zu bemühen, da andernfalls eine gegenseitige Blockierung erfolgte und der Rat seine Aufgaben nicht mehr erfüllen könnte. So könnten Beschlüsse des Rates zwar, wie vorgeschrieben, durch die Verwaltung umgesetzt werden, jedoch innerhalb dieses Umsetzungsprozesses zeitlich verzögert werden.

Folglich droht durch zunehmende Belastung bzw. Überlastung der Ratsmitglieder und immer komplexere Anforderungen eine Frustration einzutreten, woraus folgen kann, dass die Nachwuchsprobleme der Kommunalpolitik weiter zunehmen.

Bereits unter 2.1 wurde angesprochen, dass der persönliche Nutzen, z.B. Identitätsbildung usw., heute eher durch die Aktivität in NGOs erreicht wird und damit weniger in der politischen Arbeit. Steigt der Frustrationsfaktor im Bereich des kommunalpolitischen Engagements also weiter, könnte ein völliges Abwandern der Aktiven heraus aus der Politik, hin zu zivilgesellschaftlichen Organisationen folgen.

Welche Schlüsse sich nun aus der Konstellation des hauptamtlichen Bürgermeisters und des ehrenamtlichen Rates alleine ob der strukturellen

Gegebenheiten, wie unter den Punkten 3. bis 5. benannt, ziehen lassen, wird nun im Folgenden behandelt.

6. Auswertung struktureller Differenzen zwischen Haupt- und Ehrenamt

Zusammenfassend zeigt sich, dass die Umstrukturierungen der Tätigkeitsfelder beider Akteure zu neuen Anforderungen führen, was die Zusammenarbeit beider enorm erschwert. So ist seitens des Bürgermeisters eine Steigerung der Anforderung durch das erweiterte Aufgabenfeld zu verzeichnen, was mindestens durch die Kontroll- und Beschlussfunktion des Rates auch an diesen zunehmende Ansprüche stellt. Die Ergebnisse der Betrachtung unter den Punkten 3. bis 5. zeigen, dass durch diese Erweiterung der Aufgaben des Bürgermeisters sowie die zunehmenden Anforderungen an Beschlüsse des Rates aus juristischer Sicht eine Vermengung beider Aufgabenfelder stattfindet, sodass es zu Eingriffen der einen Akteursgruppe in Aufgabenfelder der anderen Akteursgruppe kommen muss. Geschieht dies nicht, droht eine Blockierung der politischen Arbeit der Kommune.

Der Bürgermeister selbst unterliegt dabei einem zunehmenden Professionalisierungszwang, da er, um zunächst überhaupt gewählt zu werden, eine Mehrheit der Wähler von seinen Qualitäten überzeugen muss und schließlich in seinem Amt der wachsenden Anzahl sowie Komplexität der Aufgaben gewachsen sein muss.

Das führt automatisch zu einem Kompetenzvorteil seitens des Bürgermeisters gegenüber dem Rat (vgl. http://www.verwaltungmodern.de/wp-content/uploads/2007/04/entwicklungbuergermeisterberuf.pdf; S. 1 f.; zuletzt besucht am 14.11.2011).

Der Rat hingegen muss einerseits ebenfalls wachsenden Ansprüchen gerecht werden, dabei aber vermehrt *Eingriffe* des Bürgermeisters bzw. der Verwaltung in sein Aufgabenfeld akzeptieren, da es der Kompetenzen der Verwaltung bedarf, um die zunehmend umfassender werdenden Beschlüsse auf kommunaler Ebene so vorzubereiten, dass sie die grundlegenden strukturellen Voraussetzungen zur Umsetzung erfüllen. Hieraus ergibt sich ein Widerspruch zu der Kontrollaufgabe des Rates gegenüber der Verwaltung, wobei eben diese Kontrollfunktion ursprünglich zu einer grundsätzlich eher misstrauischen Haltung des Rates gegenüber der Verwaltung führte, die sich bis heute zeigt (vgl. Saliterer; 2009; S. 150).

Waren vor der Kompetenzerweiterung der Bürgermeister, welche mit der direktdemokratischen Legitimation dieser verbunden ist, die Aufgabenfelder klar gegeneinander abgegrenzt, so greifen sie heute zunehmend in einander.

Vor der Reform konnte sich jede Akteursgruppe stets auf die ihr zugewiesenen Aufgaben berufen, wodurch jedes Eingreifen in die Aufgaben des Anderen entweder als Regelverstoß geahndet werden konnte oder auf einer kooperativen Vereinbarung beider beruhte und der produktiven Zusammenarbeit diente.

Nach den Reformen der strukturellen Grenzen zwischen Bürgermeister bzw. Verwaltung und Rat wird nun ein Eingriff der einen Akteursgruppe in vormalige Zuständigkeitsbereiche der Anderen als erzwungen und negativ empfunden. Es entfällt schlicht das vorherige Aushandeln einer kooperativen Vereinbarung zu einer die Zuständigkeitsgrenzen überschreitenden Zusammenarbeit.

Aus den strukturellen Veränderungen der Tätigkeits- und Zuständigkeitsfelder und damit der Anforderungsprofile der beiden Gruppen sowie dem Ungleichgewicht der für die Erfüllung dieser Anforderungen zur Verfügung stehenden Mittel, ergibt sich eine problematische Situation, die emotionaler Art ist und der konstruktiven Zusammenarbeit beider Akteursgruppen möglicherweise im Wege steht.

So ergibt sich aus o.g. Strukturen und daraus u.U. resultierenden emotionalen Hürden das Potential der Stärkung einer hierarchischen Struktur auf kommunaler Ebene, die an sich nicht existiert, aber künstlich erzeugt wird. Durch den Versuch der einen Akteursgruppe, sich gegen die andere Gruppe zu wehren, erkennen sie eine Hierarchie ungewollt an bzw. erzeugen sie erst. Wenn beide Seiten, Rat und Bürgermeister bzw. Verwaltung, davon ausgingen, dass sie auf einer Ebene miteinander arbeiten und keine Akteursgruppe der anderen übergeordnet ist, entstünden keinerlei hierarchischen Strukturen und somit keine Machtkämpfe. Versucht aber eine der beiden Gruppen sich gegen die vermeintliche Übermacht der anderen zu wehren, nämlich weil sie sich unterlegen fühlt, so erkennt sie deren Vorherrschaft damit automatisch als solche an bzw. erschafft diese erst (vgl. Bourdieu; 1998; S. 142.).

Wie sich nun zeigt, sind die strukturellen Bedingungen, insbesondere durch die Reformen der 1990er Jahre, eher förderlich für die kommunale Politik und Verwaltung bzw. deren Zusammenarbeit. Sie führen die Kompetenzen beider Akteursgruppen zueinander und bieten die Möglichkeit der Entlastung des Rates durch Aufgabenübertragung an die Verwaltung.

Dieser Entwicklung scheinen aber emotionale Schwierigkeiten im Wege zu stehen, die im weiteren Verlauf betrachtet werden.

7. Experteninterviews

Um mögliche emotionale Vorbehalte und Animositäten der Akteursgruppen untereinander ausmachen zu können, wurden mit fünf Experten narrative Interviews durchgeführt, deren Ergebnisse hier ausgewertet werden.

Durch diese Befragungen ist es am ehesten möglich, einen Hinweis auf existierende emotionale Ressentiments zu erhalten und diese mit den Ergebnissen der bisherigen Analyse struktureller Ursachen und Probleme abzugleichen, um somit eventuelle Kausalitäten festzustellen. Weiterhin ermöglichen diese Experteninterviews eine Überprüfung der sich aus den bisherigen Analysen ergebenden Schlussfolgerungen und Vermutungen.

7.1 Auswahlkriterien für Interviewpartner

Die Experten, die für diese Arbeit befragt wurden, müssen nicht nur thematisch in die Situation involviert sein, sondern auch über einen gewissen Erfahrungsschatz verfügen, welcher erst die Voraussetzung für emotionale Vorbehalte bietet. Dazu ist es förderlich, wenn die Interviewten nicht nur aus den verschiedenen Akteursgruppen kommen, sondern auch verschiedene parteipolitische Strukturen haben, die etwaige Spannungen hervorheben können (vgl. Bortz; 2006; S. 309).

Um nicht zu einseitige Ergebnisse zu erhalten, war es ebenfalls von Bedeutung, dass das Alter der Befragten nicht zu einheitlich ist. Es wurden also sowohl jüngere, als auch ältere Bürgermeister und Ratsmitglieder befragt.

Durch die Auswahl der Befragten entsprechend ihrer Position, Rat oder Bürgermeister, ihres Alters sowie ihrer Fraktionszugehörigkeit und das dadurch erreichte möglichst weite Range der Einflussvariablen der Befragten, ergibt sich ein möglichst hohes qualitatives Ergebnis der Befragung.

Der fünfte befragte Experte ist durch seine Funktion in einer übergeordneten Organisation, die auf Bundesebene agiert, aber den kommunalpolitischen Bereich berät und ihn auch aktiv mitgestaltet, in der Lage einen entsprechend bundesweiten Gesamteindruck aus der Perspektive beider zu vermitteln. Da der Befragte bereits viele Jahre in den Gemeinden Deutschlands in seiner Funktion tätig ist, hat sich eine Vielzahl von Eindrücken angesammelt, die hier themenspezifisch abgefragt wurden.

7.2 Aufbau der Befragung

Zunächst wurde bereits vorab eine maximale Interviewlänge von zehn Minuten mit den Respondenten vereinbart, da diese ob Ihrer Tätigkeiten über einen enges Zeitkontingent verfügen (vgl. Bortz; 2006; S. 309). Dies wurde von allen Respondenten positiv aufgenommen und senkte deren Zustimmungshürde zur Durchführung des Interviews.

Direkt vor dem Interview wurde durch den Interviewer eine kurze Einleitung verlesen, die für alle Befragten gleich war. Diese klärte sie noch einmal kurz über den Grund der Befragung sowie die Details zur Verwendung ihrer Antworten, den Datenschutz sowie den Verlauf eines narrativen Interviews auf. Dadurch wurde ihnen verdeutlicht, dass sie offen und erzählend antworten können und keinerlei Öffentlichkeit zu befürchten haben. Dadurch wurde eine möglichst private und vertraute Atmosphäre geschaffen. Zu diesem Zweck konnten sich alle Respondenten auch den Ort aussuchen, an dem das Interview stattfinden sollte.

Nach der Herstellung einer möglichst geeigneten Atmosphäre wurde den Befragten erläutert, dass sie über einen kurzen Text an einen gedanklichen Ausgangspunkt geführt werden sollten, welcher eine nicht zu lang zurückliegende Verhandlung im Rahmen einer Sitzung mit der jeweils anderen Akteursgruppe sein sollte. Dabei sollte es eine nach dem Ermessen des Befragten wichtige Entscheidung sein, zu der diese Verhandlung geführt wurde.

Nach einer kurzen Pause von ca. zehn Sekunden, wurden dann drei recht unspezifische Initialisierungsfragen gestellt, mit dem Hinweis, dass diese nicht explizit zu beantworten seien, sondern als thematische Hilfestellung oder Orientierung dienen sollten.

Durch die vermehrte Nennung stark emotionalisierender Begriffe in Verbindung mit der nach ihrem Ermessen wichtigen Debatte mit der anderen Akteursgruppe sollten bei den Befragten bereits Emotionen geweckt werden, die sie in ihrer Tätigkeit fühlen, wenn auch unbewusst. Dies waren u.a. Begriffe, wie *missverstanden*, *Abwehrhaltung*, *persönliche Differenzen* und *Nonkonformität* (vgl. Anhang; a.1 u. a.2).

So sollte das Hervorkommen der Emotionen, die der Befragte mit einer konkreten Situation der Verhandlung mit der anderen Akteursgruppe verbindet, provoziert werden, selbst wenn er diese Situation nicht explizit beschreibt. Damit die entsprechenden Begriffe ihre Wirkung erzielen konnten, wurden sie durch den Interviewer entsprechend betont und somit hervorgehoben.

Nach dem Verlesen des Einleitungstextes und der drei Fragen konnten die Befragten mit der Antwort in Form der Erzählung beginnen. Hierbei wurde selbst bei unnatürlich langen Sprechpausen der Respondent nicht durch den Interviewer unterbrochen. Der sich daraus ergebende *Gestaltschließungszwang* veranlasste die Respondenten nach kurzer Zeit zur weiteren Erzählung, meist mit detaillierteren Angaben, als zuvor (vgl. Kleemann, Krähnke, Matuschek; 2009; S. 67 f.).

Dies lässt sich auch aus der *Erwartungserwartung* nach Luhmann begründen, die von einem Gegenüber eine gewisse Reaktion auf eine Erzählung oder Aussage erwartet, ausgehend davon, dass das Gegenüber die Aussage verstanden hat (vgl. http://www.brock.uni-wuppertal.de/cgi-bin/echo.pl?vorlage=v_white_32&stw= Kommunikation; zuletzt besucht am 22.11.2011). Erfolgt die erwartete Handlung oder der Sprechakt nicht, so ist Ersterer unbewusst genötigt, selbst das Kommunikationssystem zu schließen und die Erwartung somit selber zu erfüllen.

Durch die zeitliche Beschränkung des Interviews, wurde bei den Respondenten der *Kondensierungszwang* ausgelöst, also die Beschränkung auf das Wesentliche in der Erzählung und somit das Weglassen unwesentlicher Dinge. Gleichzeitig waren sie unbewusst durch den *Detaillierungszwang* einer Erzählung dazu veranlasst, so viele Informationen wie zum Verständnis nötig zu geben (vgl. Kleemann, Krähnke, Matuschek; 2009; S. 67).

Nachdem die Befragten ihre Erzählung bewusst abschlossen, meist mit dem verbalen Hinweis, dass sie nun fertig seien oder nicht mehr zu erzählen wüssten, wurden ggf. durch Nachfragen noch weitere Hintergründe oder Ursachen aus Sicht der Respondenten erfragt. Auch hier wurde wieder erzählend nach o.g. Verfahren geantwortet.

Beendet wurde das Interview entweder nach dem erneuten Hinweis des Befragten, dass es nichts mehr zu erzählen gäbe oder nach einem klaren Signal des Respondenten, dass er nun fertig sei.

7.3 Auswertungen der Interviews

Die Auswertung der Interviews wird zunächst für jedes separat durchgeführt, um den jeweiligen Gehalt zum Thema der vorliegenden Arbeit ermitteln zu können. Nach dieser Einzelbetrachtung werden die Ergebnisse in einer Gesamtauswertung zusammengefasst.

Die Auswertung fokussiert insbesondere Formulierungen oder bestimmte Vokabeln, die auf Probleme zwischen den Akteursgruppen sowie ihre möglichen Ursachen, entweder struktureller oder emotionaler Art, hinweisen. Diese werden entsprechend dargestellt und interpretiert.

7.3.1 Ehrenamtliches Ratsmitglied 1

Insgesamt ist die Aussage dieses Interviews, zumindest die augenscheinlich intendierte, dass es Konflikte zwischen hauptamtlichen Bürgermeistern und ehrenamtlichen Ratsmitglieder gibt, diese aber themenspezifische seien und somit unter die Kategorie *Professionelles Arbeiten* fielen.

Hie und da gebe es möglicherweise emotionale Probleme und Vorbehalte, wofür der Respondent auch mögliche Ursachen nennt, die Mehrheit der Konflikte und auch alle ihn betreffenden seien jedoch rein inhaltlicher Art.

So erläutert der Respondent während seiner Erzählung besonders strukturelle Aspekte, die insbesondere die Position der Ratsmitglieder, also auch seine eigene, darlegen, wobei er diese u.a. als „Feierabend"-Arbeiter definiert und dies noch mit der Einschränkung „nur" verbindet (vgl. Anhang; a.3.1; Zeile 13 und Zeile 19). Dieser Situation stellt er die des Bürgermeisters und der Verwaltung als hauptamtliche Akteure gegenüber und betont, dass sie ob der hauptamtlichen Beschäftigung wesentliche mehr Zeit für ihre Arbeit zu Verfügung hätten (vgl. Anhang; a.3.1; Zeile 35 ff.).

Besonders durch den späteren Hinweis auf die notwendige Sachlichkeit und Professionalität der Ratsmitglieder bei der Ausübung ihrer Tätigkeit und dort, wo es Berührungspunkte mit der Verwaltung gibt, zeigt sich, dass der Respondent ein deutliches Ungleichgewicht an Professionalität zwischen Hauptamtlichen und Ehrenamtlichen empfindet (vgl. Anhang; a.3.1; Zeile 52 – 67 u. Zeile 77 – 79).

Auffällig ist der ausführliche Hinweis, dass der Respondent selbst ein gutes Verhältnis zum Bürgermeister habe. Dies wird mit der Begründung verbunden, dass sich beide bereits aus einer Zeit kennen, zu der der Bürgermeister noch „normales" und „ehrenamtliches" Ratsmitglied war (vgl. Anhang; a.3.1; Zeile 19 – 26).

Besondere emotionale, wenn auch wohl nicht vom Respondenten intendierte Äußerungen finden sich insbesondere in der Wortwahl vereinzelt wieder. So spricht er von einer „relativen Augenhöhe" zwischen sich und dem Bürgermeister, was durch die Einschränkung bereits aufzeigt, dass diese Augenhöhe nicht wirklich als solche empfunden wird (vgl. Anhang; a.3.1; Zeile 32). Durch die unsichere Aussage mit der Einschränkung wird ein fehlender Glaube an die eigene Aussage deutlich. Die Selbsteinschätzung des Respondenten, als dem Bürgermeister unterlegen, zeigt sich weiterhin durch die Formulierung, dass er „den Eindruck hatte", ernstgenommen zu werden (vgl. Anhang; a.3.1; Zeile 33). Auch hier zeigt sich mangelnde Überzeugung von der Aussage.

Hinweise auf die mögliche emotionale Haltung des Respondenten gegenüber dem Bürgermeister resp. der Verwaltung, wird besonders deutlich durch die Aussagen, dass der Bürgermeister durchaus „arrogant" scheinen könne (vgl. Anhang; a.3.1; Zeile 45) oder dass die Verwaltung auch in der Lage sei

„hinten'rum [...] politische Beschlusslagen auszubremsen [...] [und zu] konterkarieren" (vgl. Anhang; a.3.1; Zeile 101 ff.).

Interessant ist die klare Formulierung über die zwingende Notwendigkeit der Verwaltung als das „laufende Geschäft" erledigende Instanz und die Zuweisung des Steuerns als Kernaufgabe des Rates (vgl. Anhang; a.3.1; Zeile 84 ff.).

Insgesamt scheint der Respondent sich nur vorsichtig zu äußern, lässt aber durchblicken, dass es Probleme zwischen Hauptamt und Ehrenamt gibt, wenngleich er sich selbst betont davon ausnimmt. Er scheint jedoch durchaus entsprechende Beobachtungen während seiner Tätigkeit gemacht zu haben und versucht diese durch möglichst verallgemeinerte Äußerungen darzulegen. Ebenso ist er bemüht, sachliche Gründe für diese zu nennen, was nur eingeschränkt funktioniert.

Durch die im Allgemeinen eher unförmliche Ausdrucksweise des Respondenten, sind die sprachlichen Auffälligkeiten entsprechend zu relativieren und dürfen nicht als emotionale Ausbrüche gedeutet werden.

Der Respondent selbst scheint keine oder nur wenige eigene emotionale Vorbehalte zu haben, zumindest treten diese in seiner Erzählung nicht deutlich als solche hervor.

7.3.2 Ehrenamtliches Ratsmitglied 2

Auch dieser Respondent stellt zu Beginn seiner Erzählung die überwiegende Sachlichkeit der Zusammenarbeit zwischen hauptamtlichen und ehrenamtlichen Akteuren in den Vordergrund (vgl. Anhang; a.3.3; Zeile 3 – 12 u. 33 f.).

Die Struktur zwischen Rat und Bürgermeister beschreibt der Respondent, indem er den Bürgermeister und die Verwaltung als „agierenden" und den Rat als „reagierenden" Akteur definiert, wodurch sich ein steter Vorteil für den Bürgermeister ergebe (vgl. Anhang; a.3.3; Zeile 27 ff.). Ebenso habe der Bürgermeister qua stärkerer medialer Präsenz einen Akzeptanzvorteil in der Öffentlichkeit (vgl. Anhang; a.3.3; Zeile 24 – 31).

Emotionale Vorbehalte gegenüber dem Bürgermeister bzw. dem Verhältnis zwischen Bürgermeister und Rat, werden durch die Aussage deutlich, dass sich der Bürgermeister manchmal wie „Napoleon" fühle und glaube, der Rat sei ein „Heer", das zu „marschieren" hätte, und dass es in einem solche Falle zu Auseinandersetzungen komme, bis sich die Situation wieder „normalisiere" (vgl. Anhang; a.3.3; Zeile 12 ff. u. 75 ff.).

Die sich aus den o.g. Äußerungen ergebende starke Stellung des Bürgermeisters und sein entsprechendes Verhalten, resultierten nach Ansicht des Respondenten zum einen aus der direkten Wahl des Bürgermeisters durch die Wähler sowie die damit verbundene neue Unabhängigkeit des Bürgermeisters vom Rat. Weiter nennt der Respondent die starke mediale Präsenz des Bürgermeisters sowie seine Stellung als Leiter der kommunalen Verwaltung und damit eines Mitarbeiterstabes von über 1.000 Personen als Gründe seiner starken Position (vgl. Anhang; a.3.3; Zeile 16 ff., 24 ff. und 47 ff.).

Als Beispiele für emotionale „Eruptionen" nennt der Respondent zwei Ereignisse der vergangenen Amtsperiode, die nach o.g. Mustern verliefen, sich also schließlich wieder legten (vgl. Anhang; a.3.3; Zeile 35 ff.).

Ein zusätzlicher Aspekt, den der Respondent anspricht, bezieht sich auf das Ungleichgewicht, welches sich durch die automatische Mitwirkung des Bürgermeisters in Aufsichtsräten kommunaler Betriebe ergibt. Dies führte schlussendlich dazu, dass die Gesamtzahl der Sitze in einem solchen Betrieb nicht gemäß der Sitzverteilung im Rat besetzt werden könnte und hier nur die stärksten Fraktionen Mitwirkungsmöglichkeiten hätten (vgl. Anhang; a.3.3; Zeile 52 ff.). Das sei insofern brisant, als die Hälfte der Entscheidungen auf kommunaler Ebene in solchen Betrieben beschlossen würden und somit die Mehrheitsfraktionen und der Bürgermeister einen überproportionalen Vorteil gegenüber Minderheitsfraktionen hätten (vgl. Anhang; a.3.3; Zeile 66 ff.).

Die Nachdrücklichkeit und Ausführlichkeit dieser Schilderung deutet auf eine Emotionalisierung struktureller Probleme hin.

Zum Ende der Erzählung betont der Respondent sehr deutlich, dass er sich selbst „absolut auf Augenhöhe" mit dem Bürgermeister fühle (vgl. Anhang; a.3.3; Zeile 79 f.).

Insgesamt zeigt sich bei diesem Respondenten eher als bei dem ersten eine emotionale Belastung des Verhältnisses zwischen Bürgermeister und dem Respondenten als Ratsmitglied. Besonders der Vergleich mit Napoleon und seinem Heer bringt dies zum Ausdruck. Schließlich wird aber auch hier deutlich betont, dass das Gros der Arbeit themenbezogen stattfindet und Entscheidungen überwiegend konsensual und zum Wohle der Gemeinde getroffen werden.

7.3.3 Hauptamtlicher Ober-/Bürgermeister 1

Bei diesem Respondenten, der nun aus Sicht eines Ober-/Bürgermeisters einer Gemeinde erzählt, fällt zunächst auf, dass er nicht übermäßig bemüht ist, eine sachliche Ebene der Zusammenarbeit mit dem Rat hervorzuheben.

Vielmehr ist ihm wichtig, da es aus seiner Sicht emotionale Vorbehalte zwischen beiden Akteursgruppen gibt, dass er nicht als Mensch, sondern als Bürgermeister, also in seiner Position wahrgenommen wird (vgl. Anhang; a.3.3; Zeile 4 ff.). Diese klare Trennung scheint vor allem für ihn selbst wichtig, da er so die ihm entgegen gebrachte Kritik nicht persönlich nehmen muss (vgl. Anhang; a.3.3; Zeile 7 ff.). Daraus ergibt sich die Vermutung, dass ihm einiges an Kritik entgegengebracht wird, wobei hier nicht deutlich wird, von welcher Seite diese Kritik kommt.

Auch dieser Respondent geht mehrfach auf strukturelle Ursachen bzw. Probleme in der Zusammenarbeit zwischen Bürgermeister und Rat ein. So hebt er die Abhängigkeit des Rates von der Beschlussvorbereitung durch die Verwaltung hervor sowie die Gebundenheit der Verwaltung an „gewisse Sachzwänge" (vgl. Anhang; a.3.3; Zeile 16 ff.).

Versuche der einen Seite, sich in die Aufgaben der jeweils anderen Seite einzumischen, verdeutlicht er am Beispiel von Personalentscheidungen, die, bis auf einige Ausnahmen, alleine dem Bürgermeister unterliegen, jedoch stets von Seiten des Rates zu beeinflussen versucht würden (vgl. Anhang;

a.3.3; Zeile 24 ff.). Die klassischen zu erwartenden Ressentiments der beiden Akteursgruppen bestätigt auch dieser Respondent, indem er die Vorurteile nennt, dass „[...] der Rat die Informationen nicht liest [...]" und „[...] sich nur spärlich informiert [...]" sowie dass die Verwaltung „zu langsam arbeitet" oder „ihre eigene Suppe kocht" (vgl. Anhang; a.3.3; Zeile 49 ff.).

Die strukturbedingten Unterschiede zwischen parteilosen und parteigebundenen Bürgermeistern empfindet der Respondent als eher wichtig und beschreibt diese insbesondere durch die sich daraus ergebende bzw. ausbleibende Abhängigkeit des Bürgermeister von einer bestimmten Partei und dem Fraktionszwang (vgl. Anhang; a.3.3; Zeile 76 ff.). Die Situation der parteilosen Bürgermeister erläutert er dabei etwas ausführlicher, da ihn diese auch betrifft. Hier hebt er die Problematik der Mehrheitsgewinnung im Rat für Beschlüsse hervor, die für einen Bürgermeister insofern eine Abhängigkeit oder Verpflichtung bedeute, da hier das *Quid pro quo* – Prinzip gelte und man sich so den Unterstützern gegenüber verpflichte oder diese es zumindest erwarteten (vgl. Anhang; a.3.3; Zeile 94 ff.).

Bezüglich etwaiger Möglichkeiten Druck auszuüben oder sich gegen den Willen des Rates durchzusetzen, zeigt sich, dass der Respondent die ihm zu Verfügung stehenden strukturell bedingten Mittel, z.B. ein Verfahren durch „Anweisungen an die Verwaltung [...] in die Länge zu ziehen" oder gewisse Sachverhalte „juristisch so und so abzuwägen", durchaus kennt, jedoch mit Vorgängen dieser Art nicht in Berührung gekommen ist (vgl. Anhang; a.3.3; Zeile 60 ff.).

Zusammenfassend wird durch die Erzählung dieses Respondenten deutlich, dass sich der Bürgermeister als Person von seiner Funktion insoweit distanziert, als er Kritik nicht persönlich nimmt und seine Handlungen einerseits durch sein Amt rechtfertigt sowie andererseits durch seine direkte Legitimation durch die Wähler (vgl. Anhang; a.3.3; Zeile 4 ff. u. 30 ff.). Dies lässt vermuten, dass er sein Wirken durchaus kritisch reflektiert, sich dann aber strukturelle Rechtfertigungsnarrative zurechtlegt.

Eine besondere Differenzierung zwischen beiden Akteursgruppen ob ihrer Qualifikation nennt der Respondent hier nicht, scheint sich insofern nicht als erhaben gegenüber dem Rat zu sehen, unterstreicht jedoch letztlich die klaren Kompetenzgrenzen zwischen Hauptamt und Ehrenamt.

7.3.4 Hauptamtlicher Ober-/Bürgermeister 2

Der zweite Respondent, der aus dem hauptberuflichen Ober-/Bürgermeisteramt kommt, hebt insgesamt den Sach- und Themenbezug als die ausschlaggebende Ebene der kommunalen Zusammenarbeit zwischen Bürgermeister/Verwaltung und Gemeindevertretung/Rat hervor, erweitert diese jedoch um die politische, taktische und ideologische Ebene (vgl. Anhang; a.3.3.4; Zeile 92 ff.).

Dennoch bestätigt er, dass es emotionale Vorbehalte und ein generelles Misstrauen des Rates gegenüber der Verwaltung, und bezeichnet dieses auch als „latent", geht aber von einer gewissen strukturellen Bedingtheit des selbigen aus, da die Verwaltung gegenüber dem Rat stets in einer Vorteilsposition ist (vgl. Anhang; a.3.3.4; Zeile 21, 25, 64 ff. u. 75). Gleichzeitig betont der Respondent, dass diese Vorbehalte sich eher weniger gegen Einzelpersonen, wie den Bürgermeister oder einzelne Dezernenten richten, sondern allgemein gegen die gesamte Verwaltung (vgl. Anhang; a.3.3.4; Zeile 19 ff.) Hinzu kommt, dass sich dieses Verhältnis, seit der direkten Legitimation des Bürgermeisters durch die Bürger und den damit einhergehenden Steigerungen an politischer Kraft, verschlechtert habe, sprich das Misstrauen gestiegen sei (vgl. Anhang; a.3.3.4; Zeile 48 ff.). So befürchte der Rat teilweise, dass der Bürgermeister qua seiner gestärkten politischen Kraft, eigene politische Ziele mit Hilfe seiner Position als Verwaltungsleiter eigenmächtig durchzusetzen versuche (vgl. Anhang; a.3.3.4; Zeile 55 ff.).

Bürgermeisterseitiges egozentrisches Verhalten betitelt dieser Respondent mit „Sonnenkönig" (vgl. Anhang; a.3.3.4; Zeile 69 ff.) und sieht dies eher bei Bürgermeistern kleinerer Gemeinden, als in Großen. Dabei liege die Ursache in den je unterschiedlichen Traditionen kommunalpolitischer Zusammenarbeit sowie dem höheren Grad der Professionalisierung der Verwaltung in größeren Gemeinden (vgl. Anhang; a.3.3.4; Zeile 78 ff.).

Zusammenfassend ergibt sich aus der Erzählung des Respondenten, dass die kommunale Zusammenarbeit durchaus durch ein permanentes Misstrauen des Rates gegenüber der Verwaltung und damit auch dem Bürgermeister geprägt ist, welches jedoch nicht überwiege, aber durch die Stärkung der Position des Bürgermeisters zugenommen habe. Entscheidend für die politische Arbeit sei eher der jeweilige Themenbezug sowie die politischen Hintergründe der Ratsmitglieder, sprich die Fraktionen dieser. So könne die Übertagung einer Parteiideologie bzw. das „Spiegeln des Parteiprogrammes" (vgl. Anhang; a.3.3.4; Zeile28 ff. u. 105) auf kommunaler Ebene durchaus hinderlich zur Konsensfindung sein.

7.3.5 Vertreter einer übergeordneten Organisation

Ob seiner Position, die nicht direkt im Spannungsfeld der Akteursgruppen angesiedelt ist, berichtet der Respondent aus einer eher makroskopischen Sicht und stellt grobe Zusammenhänge und Entwicklungen dar.

So hebt er zunächst die Disparitäten hervor, die sich daraus ergeben, dass rd. 50% der Bürgermeister heute parteilos sind, während sich die Räte stark parteipolitisch zusammensetzen. Bei parteigebundenen Bürgermeistern, die in der Regel auch der Mehrheitspartei des Rates angehören, sei dies weniger der Fall (vgl. Anhang; a.3.5; Zeile 26 ff.). Der Respondent erweitert diese strukturellen Aspekte im Laufe seiner Antwort um den Informationsvorsprung der Verwaltung, die entsprechende Abhängigkeit des Rates von diesen Informationen sowie die Frage der sachlichen Informationsweitergabe von der Verwaltung an den Rat.

Das emotionale Spannungsverhältnis stellt sich aus Sicht des Respondenten so dar, dass es durch die Direktwahl der Bürgermeister und die somit ermöglichte zunehmende Parteilosigkeit dieser zu einer „Entpolitisierung" des Verhältnisses zwischen den Akteursgruppen gekommen sei und Konflikte somit automatisch themenspezifischer sowie lokalbezogener seien (vgl. Anhang; a.3.5; Zeile 135 ff.).

Dem Bürgermeisteramt spricht der Respondent in seiner Aussage eine „Leadershiporientierung" sowie eine kommunikationsfördernde Tätigkeit zu (vgl. Anhang; a.3.5; Zeile 56 ff. u. 67 ff.). Dies könne insofern zu Konflikten führen, als oftmals Fraktionsvorsitzende und andere Ratsmitglieder häufig den Drang hätten, sich zu „profilieren" (vgl. Anhang; a.3.5; Zeile 68 ff.).

Auch aus der Sicht dieses Interviewpartners zeichnet sich die Zusammenarbeit der beiden Akteursgruppen auf kommunaler Ebene überwiegend durch ein konsensuales sowie inhaltsorientiertes Verhalten aus, das hie und da durch lokale Konflikte beeinflusst wird (vgl. Anhang; a.3.5; Zeile 45 ff. u. 141 ff.).

7.4 Zusammenfassung und Auswertung

Betrachtet man nun alle Ergebnisse der Einzelauswertung der Interviews und führt diese zusammen, so zeigt sich in allen Fällen, dass auf kommunaler Ebene die Entscheidungsfindungsprozesse zwischen Rat und Ober-/Bürgermeister bzw. Verwaltung primär durch themen- bzw. sachbezogene Differenzen geprägt sind und alle Akteure darin übereinstimmen, dass Beschlüsse konsensual zwischen beiden Akteursgruppen herbeigeführt werden müssen.

Emotionale Vorbehalte und Ressentiments werden in dieser Hinsicht zwar von allen Respondenten wahrgenommen und auch als solche identifiziert, bei ihren jeweiligen Erzählungen jedoch als Randerscheinung in den Hintergrund gestellt, obgleich alle Respondenten diese benennen konnten und sich diese Erläuterungen inhaltlich gleichen. Besonders bei den Ausführungen des zweiten hauptamtlichen Bürgermeisters unter a.3.4 wird deutlich, dass solche emotionalen Probleme generell in dieser Konstellation aus Rat und Verwaltung vorhanden sind. Ursächlich werden hier allerdings die strukturellen Gegebenheiten bzw. deren Neuerungen genannt.

Weniger intensiv werden diese emotionalen Vorbehalte allerdings vom Respondenten der übergeordneten Organisation unter a.3.5 beschrieben, was sich eben aus seiner übergeordneten Perspektive und Position ergibt. Dennoch finden sich auch bei ihm Erläuterungen zu diesen Problemen und Vorbehalten. Dies unterstreicht die Annahme, dass es sich nicht um

Einzelfälle in den Kommunen der Respondenten handelt, sondern um ein bundesweites Phänomen.

Einen generellen Vorteil der Verwaltung gegenüber dem Rat sehen alle Respondenten und begründen diesen mit dem Grad der Professionalisierung bzw. dem Unterschied der Professionalisierung zwischen beiden Akteursgruppen, welcher sich aus der Hauptamtlichkeit der gesamten Verwaltung und der Ehrenamtlichkeit des Rates ergibt. Die einzelnen Ratsmitglieder sind zeitlich gar nicht in der Lage, alle ihnen eigentlich zufallen Aufgaben ganzheitlich und intensiv zu bearbeiten und sind somit von der Vorarbeit der Verwaltung zur Beschlussfassung zwingend abhängig und oftmals auch von weiteren professionellen Beratern aus ihrem Umfeld. In diesem Zusammenhang zeigen alle Respondenten ein klares Bewusstsein für die gestärkte Position des Ober-/Bürgermeisters gegenüber der Verwaltung und auch den Bürgern sowie dessen Möglichkeiten, sich gegen den Rat durchzusetzen bzw. dessen Beschlüsse in der Verwaltung zu konterkarieren oder deren Umsetzung zu verlangsamen. Dass alle Respondenten in der Benennung dieser Möglichkeiten des Bürgermeisters auch im Detail übereinstimmen, muss nicht zwingend heißen, dass die Bürgermeister diese nutzen, zeigt jedoch, dass die Option jederzeit besteht und allen bewusst ist. Das verursacht gerade bei den Ratsmitgliedern eben das bereits genannte permanente Misstrauen gegenüber Bürgermeister und Verwaltung.

Bezüglich des Politisierungsgrades auf kommunaler Ebene ergeben sich aus den Interviews zwei gegensätzliche Trends. Zum einen die Entpolitisierung zwischen Bürgermeister und Rat, nachdem der Bürgermeister nun direkt vom Volk gewählt wird und nicht mehr vom Rat, somit auch nicht mehr der politischen Mehrheitsausrichtung des Rates unterliegt. Zum anderen die Zunahme der parteipolitischen Einflüsse auf kommunaler Ebene. Wie bereits beschrieben, fokussieren die politischen Parteien bereits seit den 1970er Jahren zunehmend die Kommunalebene. Das bestätigt sich durch die Aussagen der Ratsmitglieder und Bürgermeister, die von zunehmenden parteipolitischen Vorbehalten und Ideologien sprechen, welche immer wieder zu prinzipiellen Ablehnungen von Anträgen, ungeachtet deren inhaltlicher Aspekte, führen.

Inwieweit diese Ergebnisse aussagekräftig sind oder u.U. etwas relativer betrachtet werden müssen, verdeutlicht eine kritische Betrachtung der Interviews und ihrer Durchführung.

7.5 Kritische Betrachtung

Bereits vor der Durchführung der Interviews zeigte sich, dass die Bereitstellung der erforderlichen Zeit für die einzelnen Respondenten ein Problem sein würde, da diese wegen ihrer Tätigkeit, ob nun hauptamtlich oder ehrenamtlich, nur sehr eingeschränkt zeitlich verfügbar sein konnten. Daher musste versucht werden, innerhalb kurzer Zeit eine Atmosphäre herzustellen, die eine möglichst offene und ehrliche Erzählung der Respondenten erzeugen konnte.

Es musste als ein Problem der Vertraulichkeit des Gespräches bzw. der Intimität zwischen Interviewer und Respondenten gelöst werden, da davon auszugehen ist, dass die Antworten offener und ehrlicher sind, wenn ein Vertrauensverhältnis zwischen beiden herrscht. Um ein solches zu erzeugen, wurde zunächst durch den Interviewer intensiv betont, dass alle Angaben, die u.U. Rückschluss auf den Respondenten geben können, verfremdet werden und dass die Interviews nicht veröffentlicht sowie alle Originaldaten der Erhebung gelöscht werden. Zusätzlich konnten alle Respondenten den Ort des Interviews frei wählen, wodurch die Wahrscheinlichkeit stieg, dass die Interviews an für die Respondenten angenehmen Orten durchgeführt wurden und sie in dieser, ihnen vertrauten Umgebung auch offener antworten.

Durch die geringe Anzahl an Interviewpartnern ergibt sich die Frage der Repräsentativität der Ergebnisse. Da sich die Auswertung jedoch auf eine Verifikation respektive Falsifikation bereits vorher theoretisch hergeleiteter und anhand von Sekundärquellen erzielter Ergebnisse bezieht, können die Ergebnisse durchaus als repräsentativ und somit relevoant betrachtet werden. Dies wird zudem durch die Befragung eines Experten, der bundesweit Einblick in Kommunen hat, unterstützt.

Ein Kritikpunkt, welcher nach den Interviews auch teilweise von den Respondenten selbst angesprochen wurde, waren die für die Respondenten verwirrenden Fragestellungen der Einleitungstexte (vgl. Anhang; a.1; Zeile 18 ff. und a.2; Zeile 19 ff.). Offenbar aus dieser Verwirrung heraus retten sich jene Gesprächspartner dann zunächst in eine Orientierungsphase, in welcher sie zunächst die Strukturen kommunaler Verwaltung und Politik erläutern, bevor sie zum Kernthema des Interviews kommen.

Diese Verwirrung war jedoch intendiert. Die Fragen zielten weniger auf klare Antworten der Respondenten ab, wie es in journalistischen Interviews der Fall ist, denn vielmehr auf eine Emotionalisierung der Respondenten. Daher wurden in den Fragen auffallend viele emotional stark besetzte Begriffe häufig genannt, wie z.B. *fehlinterpretiert*, *Ressentiments*, *missverstanden*, *Vorbehalte* etc. Auch wurden diese so sortiert, dass der Emotionalisierungsgrad der Begriffe während der Einleitung zunahm. Die intendierte Wirkung war ein entsprechender emotionalisierter Gemützustand der Respondenten bei relativ offener Thematik, also freier Wahl eines Beispiels für eine entsprechende Verhandlungssituation innerhalb ihrer Kommune.

8. Internationaler Vergleich

Um nun die bisherigen Eindrücke der strukturellen sowie emotionalen Probleme zwischen hauptamtlichen Bürgermeistern und ehrenamtlichen Ratsmitgliedern auch landesspezifisch bewerten zu können, wird im Weiteren ein kurzer Einblick in die Ausgestaltung der kommunalen Verwaltung eines anderen Landes gegeben. Dafür wird im Folgenden das britische *local government* beschrieben, da dessen grundlegende Struktur in Deutschland insoweit bereits bekannt ist, als sie sich nach 1945 in der *norddeutschen Ratsverfassung*, später die *Ratsverfassung mit volksgewähltem Bürgermeister*, bedingt durch die britischen Besatzer in eben diesen Regionen, prägend wiederfand.

8.1 Das britische „local government"

Die lokale Selbstverwaltung hat auch in England eine lange Tradition. Seit dem *Municipal Corporation Act* von 1835 führen gewählte *councils*, zu Deutsch Räte, die kommunale Selbstverwaltung. Dieser Ebene wurde 1894 die Ebene der Distrikte übergeordnet, die damit zwischen den Gemeinden und den Grafschaften verortet wurde. Daraus entstand eine dezentral-lokale Zweistufigkeit der Verwaltung, wie sie für England seither und trotz einiger Änderungen noch immer typisch ist (vgl. Kleinfeld/Schwanholz/Wortmann; 2000; S. 147 u. Rudzio; 2003; S. 405).

Nach einigen geringen Veränderungen dieses Systems, die für die vorliegende Arbeit außer Betracht gelassen werden können, kam es erst 1974 zu einer tiefgehenden Reform, welche diejenigen Aufgaben der Gemeinde an die Distrikte übertrug, die sich überregional sinnvoller koordinieren lassen, wie Polizei, Infrastruktur etc. Zusätzlich übertrug der Staat, da ihm die exekutiven Mittel der Durchsetzung auf kommunaler Ebene fehlten, sämtliche öffentliche Aufgaben auf die Gemeinden und Distrikte. Dieses System, als *dual polity* bekannt, übertrug den lokalen Ebenen ein hohes Maß an Autonomie (vgl. Kleinfeld/Schwanholz/Wortmann; 2000; S. 147).

Zwischen 1979 und 1997, beginnend mit der Wahl von Margaret Thatcher als Premierministerin bis zur Wahl von Tony Blair, wurden in England unter der konservativen Partei viele strukturelle kommunalpolitische Änderungen vorgenommen, die insgesamt vor allem Sparmaßnahmen darstellten und die Ausgaben der Kommunen kontrollieren sollten. So wurde 1980 u.a. die Zentralregierung qua Parlamentssouveränität dazu ermächtigt, die Höhe der Kommunalausgaben festzulegen und die Kommunen bei Nichteinhaltungen dieser Festlegungen zu sanktionieren. Zusätzlich konnte die Regierung nun über die Möglichkeiten der Eigenfinanzierung der Kommunen entscheiden, was sich insbesondere auf Steuergesetze bezog (vgl. Kleinfeld/Schwanholz/ Wortmann; 2000; S. 148 f.).

Um die lokale Ebene effizienter gestalten zu können, wurden unter der konservativen Regierung auch viele Gemeinden zusammengelegt, um doppelte Ausgaben zu sparen.

Dies begründete sich aber auch in der aus der geteilten Verantwortung der verschiedenen Verwaltungsebenen resultierenden Ineffizienz des *local government* (vgl. http://www.gppi.net/fileadmin/gppi/ LocGovHandel.pdf.pdf; S. 9 f. und http://www.direct.gov.uk/en/Governmentcitizensandrights/UK government/Localgovernment/DG_073310).

In diesem Zuge wurden in den Jahren ab 1984/85 in einigen Teilen Englands *joint boards* sowie *joint committees* eingeführt. Während die *joint boards* nach festen gesetzlichen Regelungen funktionieren, basieren die *joint committees* auf freiwilliger Kooperation zwischen den Gemeinden. Bei letzteren ist diese Freiwilligkeit der vermeintliche Grund für ihr Scheitern gewesen. Der strukturelle Kern war dabei beiden eigen und sollte über die Kooperation mehrerer Kommunen in einigen Aufgabengebieten, wie z.B. eine zentrale Organisation der Müllentsorgung, eine Effizienzsteigerung sowie Kostenreduzierung bringen. Es zeigte sich jedoch insgesamt, dass die *joint committees* nicht nachhaltig effizient waren und sich dieses System daher nicht landesweit durchsetzte. Lediglich die *joint boards* waren zumindest in der Lage, effektiv mit komplexen politischen Anforderungen umzugehen. Dennoch stellte eine Studie der *London School of Economics*

(LSE) fest, dass die *joint boards*, welche in London und den 6 *metropolitan county councils* in England versuchsweise institutionalisiert wurden, sich als insgesamt nicht effizienter als ihre Vorgängermodelle darstellten (vgl. http://www.gppi.net/fileadmin/gppi/LocGovHandel.pdf.pdf; S. 16 f. u. Anhang; Abbildung II).

Den vornehmlich marktwirtschaftlichen Prinzipen der Epoche unter einer konservativen Regierung stand die Politik ab 1997 unter dem Premierminister Tony Blair zwar grundsätzlich entgegen, dennoch erlangten auch in dieser Zeit die Kommunen ihre einstige Selbstverwaltungskompetenz, insbesondere die Finanzhoheit, nicht zurück. Die Abhängigkeit der Gemeinden von der zentralen Regierung wollte auch die *New Labour Party* und behielt sich selbst für London, welches seit dem *London Authority Act* aus dem Jahr 1999 einen direkt gewählten Bürgermeister hat, die Möglichkeit offen, die Finanzen zu kontrollieren und ggf. in diese einzugreifen (vgl. Kleinfeld/Schwanholz/Wortmann; 200; S. 153 und 159 f.).

Heute werden in England auf lokaler Ebene viele Leistungen weitgehend von privaten sowie öffentlichen Dienstleistern erfüllt, an die sie von den Lokalregierungen nach dem Prinzip des *outsourcing* übergeben wurden (vgl. http://www.gppi.net/fileadmin/gppi/LocGovHandel.pdf.pdf; S. 11 u. http://www.direct.gov.uk/en/Governmentcitizensandrights/UKgovernment/Localgovernment/DG_073310; zuletzt besucht am 27.11.2011).

Die englische Regierung stellte im Jahr 2009 das Prinzip der *unitary governments* in sieben Regionen in England vor. Diese Struktur reduzierte durch Zusammenlegungen 44 *local authorities* auf nunmehr neun und sollte für mehr Transparenz in der Zuständigkeit der Behörden für kommunale Aufgaben sorgen (vgl. http://www.direct.gov.uk/en/Governmentcitizensandrights/UKgovernment/Localgovernment/DG_073310).

Derzeit gibt es in England, zusätzlich zu London, lediglich zwölf *councils* mit direktdemokratisch gewählten Bürgermeistern, während in den meisten Gebieten das Rätesystem ohne Bürgermeister weiterhin besteht. Insgesamt ist die Position der Bürgermeister in England als eher schwach zu beurteilen, da es einerseits weiterhin in letzter Instanz einer Ratsmehrheit für

Entscheidungen bedarf und andererseits die Administration durch einen parteiungebundenen *staff of chief* geleitet wird, dem ein *chief executive* vorsitzt. Diese administrative Instanz bleibt dabei von den gewählten Bürgermeistern per Gesetz unbeeinflusst (vgl. http://en.wikipedia.org/wiki/ Directly_elected_mayors_in_the_United_Kingdom; zuletzt besucht am 27.11.2011)

8.2 Zusammenfassung

Die aktuelle Kommunalpolitik in England ist also mehrheitlich von einem Zweiebenen-System geprägt, dass die zu erledigenden Aufgaben unter sich aufteilt. Außerdem gibt es u.a. mit den *joint committees* freiwillige Kooperationen einzelner Distrikte und *Counties*, um überregionale Aufgaben gemeinsam und zentral zu erledigen, wie z.B. Polizei, Feuerwehr, Müllentsorgung und Energie.

Es gibt jedoch landesweite Tendenzen, vom Volk gewählte Bürgermeister als *single-authority* zu installieren und diese mit zunehmend mehr Macht auszustatten sodass sie die Gemeinden leiten können sollen, was bislang noch nicht der Fall ist. Einhergehend mit dieser Machtkonzentration in einer Position wird auch die Möglichkeit der Abwahl des Bürgermeisters über ein Plebiszit institutionalisiert. Wichtig ist bei dieser Entwicklung, dass sie von der Regierung zwar gefördert wird, aber einer lokalen Anfrage sowie eines Referendums bedarf, um in Kraft zu treten. Sowohl auf Seiten der Bevölkerung als auch der Politik gibt es nun jedoch bereits immer konkretere Bestrebungen, dieses System auszubauen und die Hürden, wie z.B. das notwendige Referendum, zu senken. Dennoch zeigt sich, dass die Mehrheit der Gemeinden in England derzeit nicht für einen direkt gewählten Bürgermeister stimmen und sich dieser Trend demnach noch nicht mehrheitlich durchgesetzt hat (http://en.wikipedia.org/wiki/Directly_elected_ mayors_in_the_United_Kingdom).

Insgesamt ist das britische Kommunalsystem derzeit eher von einer Intransparenz geprägt, jedoch mit Bestrebungen auf Seiten der Politik, wie auch der Bevölkerung, dies zu ändern. Dabei besteht allerdings nach wie vor eine Tendenz der Regierung, die Wirtschaftlichkeit der Kommunen und damit verbunden die Finanzhoheit unter eigener Kontrolle zu behalten.

8.3 Auswertung

Wie sich durch die Betrachtung des britischen *local government* zeigt, gab es zwischen der norddeutschen Kommunalverfassung und dem zu dieser Zeit in England vorherrschenden System große Ähnlichkeiten, was die klare strukturelle Trennung von kommunaler Politik und der Kommunalverwaltung angeht. So konnten in beiden Systemen die Kommunen in gewissen Bereichen zwar selbst über das lokale Parlament Entscheidungen treffen, unterlagen jedoch stets der Kontrolle übergeordneter zentraler Institutionen und in letzter Instanz immer deren Weisungen, die durch die lokale Verwaltung, unbeeinflusst von der lokalen Politik, durchgeführt werden mussten.

Der Trend zur Zusammenlegung vieler kleiner lokaler Instanzen zu Größeren, um effizienter handeln zu können, verbindet die gesamtdeutsche und die englische Kommunalstruktur.

Dabei ist zu beachten, dass die Briten nach 1945 in Deutschland die Grundstrukturen prägten, während die detaillierte Gestaltung den Deutschen überlassen wurde, wodurch sich u.a. erklärt, dass es in der norddeutschen Verfassung immer schon einen Bürgermeister gab. Dieser war jedoch ob des britischen Einflusses extrem in seinen Kompetenzen eingeschränkt und mit der heutigen Bürgermeisterposition in Deutschland nicht vergleichbar.

Die Entwicklung zu den direkt gewählten Bürgermeistern, wie es sie in Deutschland bereits bundesweit gibt und die mit erheblichen Kompetenzen ausgestattet wurden, hat sich in England erst in den wenigsten *counties* durchgesetzt und selbst in den entsprechenden *counties* verfügen diese bei Weitem nicht über die Kompetenzen, wie es in Deutschland der Fall ist.

Aktuell zeigt sich im Vergleich der Strukturen beider Länder, dass diese in Deutschland nach der Reform Ende der 1990er Jahre wesentlich transparenter sind. In England hingegen gibt es derzeit eine Vielzahl von Kommunalstrukturen und auch immer wieder Änderungen dieser.

Ein weiterer Unterschied zwischen Deutschland und England ist, dass die deutschen Kommunen im Bereich der Finanzen eine größere Autonomie besitzen, als die englischen Kommunen, welche besonders in diesem Bereich der Hoheit der zentralen Regierung in London unterliegen.

Die Zunahme im Bereich des *outsourcing* kommunaler Aufgaben an private oder auch öffentliche Unternehmen findet sich hingegen in beiden Ländern.

Nachdem also nach dem Ende des Zweiten Weltkrieges England Vorbild für Deutschland war, bzw. nach seinem Vorbild die Strukturen in der norddeutschen Verfassung anlegte, scheint nun die Kommunalstruktur in Deutschland der Entwicklung in England voraus. Dies ergibt sich auch aus der Betrachtung aktueller Entwicklungen in England, die in Deutschland bereits bundesweit stattgefunden haben.

Im Unterschied zu Deutschland, wo die Reformen *top-down* durchgeführt wurden, liegt in England der Fokus mehr auf der Initiative der Bevölkerung, die möglichst per Referendum über die Einführung eines Bürgermeisters in ihrer Gemeinde entscheiden soll. Hier wird also eher eine *buttom-up* Reform provoziert.

Diese kurze Strukturanalyse des britischen *local government* und der Vergleich zur deutschen Kommunalverwaltung stellt die Eigenheiten des deutschen Systems noch stärker heraus und fließt entsprechend in die nun folgende Gesamtauswertung mit ein.

9. Gesamtauswertung und Fazit

In der vorliegenden Arbeit sind nacheinander die historischen, strukturellen und akteursspezifischen Merkmale der deutschen Kommunalverwaltung unter der Einbeziehung emotionaler Probleme zwischen hauptamtlichen und ehrenamtlichen Akteursgruppen und deren möglicher Ursachen betrachtet worden. Die sich aus den theoretischen Grundlagen und anhand von Studien ermittelten Ergebnisse wurden anschließend in die Fragestellung narrativer Experteninterviews mit einbezogen, welche somit der Überprüfung der gewonnenen Erkenntnisse dienten.

Schließlich, um das sich aus o.g. Untersuchungen hervorgegangene Bild der deutschen Kommunalverfassung noch etwas deutlicher zu zeichnen, wurde ein kurzer Vergleich zum britischen *local government* vorgenommen und ebenfalls ausgewertet.

Aus diesen Untersuchungen können nun für die Frage nach dem Vorhandensein emotionaler Probleme sowie deren Ursachen zwischen hauptamtlichen und ehrenamtlichen Akteursgruppen auf der Ebene der Kommune in Deutschland und ggf. ihrer Intensität folgende Schlüsse formuliert werden.

Bereits unter 2. ist deutlich geworden, dass es zwischen den verschiedenen beteiligten Akteuren auf kommunalpolitischer Ebene zu emotionalen Differenzen ob völlig unterschiedlicher Anforderungen kommen muss. So unterscheidet sich die Handlungsmotivation der hauptamtlichen Akteure stark von der Motivation ehrenamtlicher Akteure. Die Strukturen der deutschen Kommunalverfassungen unterstützten diese emotionalen Differenzen durch ihre Institutionalisierung über die Trennung zwischen kommunalem Parlament und kommunaler Verwaltung, wie sich unter 3. zeigte.

Die zunehmende Politisierung der Kommunalebene seit den 1970er/1980er Jahren lässt weitere Faktoren auf diese Ebene einwirken und erschwert das kooperative Handeln der beteiligten Akteure, da es das prinzipielle Misstrauen zwischen ihnen stärkt. Erst durch die grundlegenden Reformen in den 1990er Jahren, die schließlich mit der bundesweiten Einrichtung des direkt gewählten Bürgermeisters vollzogen waren, der nun auch Leiter der Kommunalverwaltung ist, wurden diese strukturellen Grenzen abgebaut und das Potential für eine Entpolitisierung zwischen Ober-/Bürgermeister und Rat geschaffen. Lediglich in Hessen ist der Bürgermeister nicht alleiniger Leiter der Verwaltung, sonder teilt seine Position mit dem Magistrat. Dennoch ist die Position des Bürgermeisters in allen Kommunen enorm gestärkt worden und erreichte ein höheres Maß an Souveränität.

Dass die Anforderungsprofile der beiden Akteursgruppen, wie unter 4. und 5. gezeigt, ob ihrer verschiedenen Funktionen, ebenfalls starke Unterschiede ausweisen, bestätigt die Erkenntnisse über die Differenzen zwischen den Akteuren aus 2. und beschreibt diese anhand bestimmter Parameter noch genauer. Hierfür wurden sowohl die jeweiligen Sozialprofile, wie auch die entsprechenden Berufsbilder analysiert sowie Korrelationen bzw. mögliche Korrelationen zwischen diesen Daten aufgezeigt.

Soweit ergibt sich eine Bestätigung der Vermutung, dass die strukturelle Zusammensetzung der kommunalen Ebene in Deutschland aus ehrenamtlichen und hauptamtlichen Akteuren eben ob dieser Konstellation zu emotionalen Differenzen führen muss und somit als ursächlich verantwortlich für emotionale Probleme betrachtet werden kann.

Die Ergebnisse der Interviews unter 7. bestätigen diese These allesamt. Lediglich sind hier Unterschiede in der Gewichtung einzelner Aspekte zu verzeichnen, welche sich jedoch aus lokalen Unterschieden ergeben können. Dies ist sicherlich ein Bereich der Analyse der vorliegenden Arbeit, welcher durch weitreichendere Untersuchungen genauer betrachtet werden muss.

Alle Interviews zeigen jedoch deutlich, dass die emotionalen Probleme zwischen den beiden Akteursgruppen den politischen Konsens im Sinne der sach- und themenspezifischen Handlungsfähigkeit der Kommune nicht nachhaltig verhindern.

Fraglich bleibt hier das tatsächliche Bewusstsein der Respondenten für das Ausmaß der emotionalen Probleme, die u.U. von ihnen nicht in ihrer vollen Tragweite erkannt werden.

Der Vergleich mit dem britischen *local government* zeigt schließlich, dass das deutsche Kommunalsystem seit den Reformen der 1990er Jahre den Vorteil bietet, dass es bundesweit in wesentlichen Aspekten die gleiche Struktur aufweist. Dadurch bietet das deutsche System einerseits eine hohe Transparenz und ist somit für die Bürger leichter verständlich, was Grundlage und Grundvoraussetzung politischer Partizipation ist. Andererseits sind somit die strukturellen Hürden zwischen den Akteursgruppen gesenkt worden, was bessere Voraussetzungen für den Abbau emotionaler Differenzen schafft und *good governance* auf kommunaler Ebene eher ermöglicht, als es vorher der Fall war.

Die Probleme zwischen hauptamtlichen und ehrenamtlichen Akteuren basieren ursprünglich auf dem strukturellen Aufbau der Kommunen und schlagen sich in emotionalen Differenzen nieder, die sich auch äußern. Dies ist aber zunächst kein Problem, da der entsprechende sich daraus ergebende Disput durchaus dem Grundgedanken der Demokratie entspricht, solange er die Politik und die Verwaltung auf kommunaler Ebene nicht übermäßig in ihrer Handlungsfähigkeit behindert.

Es liegt folglich trotz des Vorhandenseins emotionaler Probleme noch kein Bedarf an weiteren strukturellen Veränderungen des kommunalen Systems in Deutschland zur Lösung der emotionalen Differenzen zwischen den Akteursgruppen vor. Etwaige andere Bedarfe für strukturelle Änderungen sind dabei, weil in der vorliegenden Arbeit nicht thematisiert, von dieser Schlussfolgerung ausgeschlossen.

In Anlehnung an das Zitat von Gaius Partonius aus 2. kann man polemisch formulieren: Die Reform einer reformierten Reform erzeugt stets mehr Verwirrung und somit neue Probleme, als dass sie vorhandene Probleme löst, was fälschlicherweise meist dazu führt, dass man den Bedarf für eine weitere Reform darin zu erkennen meint, wie u.a. das britische System verdeutlicht.

Nebst allen strukturellen Änderungen muss beachtet werden, dass die einzelnen Akteure des Systems Menschen sind, deren Emotionen und Charaktere einer gewissen menschlichen *Trägheit* oder *persönlichen emotionalen Pfadabhängigkeit* unterliegen. Das bedeutet, dass sie Zeit brauchen, um sich an neue Rahmenbedingungen zu gewöhnen und sich in diesen zurechtzufinden.

Derzeit ist die Mehrheit der Bürgermeister auch noch die sogenannte 1. Generation nach der Reform der 1990er Jahre (vgl. Anhang; a.3.5; Zeile 116 ff.), was eine Addition alter emotionaler Differenzen und möglicher neuer, durch die Reform hervorgerufener Differenzen bedeutet.

Es wäre folglich eher kontraproduktiv, wieder neue Reformen des kommunalen Verfassungssystems vorzunehmen.

Handlungsbedarf hingegen besteht bei der Prävention, also zur Verhinderung einer Verschlechterung der Situation durch eine Zunahme emotionaler Differenten zwischen Haupt- und Ehrenamt. Dafür ist zunächst die Untersuchung weiterer Kommunen nach in dieser Arbeit erstellten Kriterien notwendig sowie eine Sensibilisierung der beteiligten Akteursgruppen.

Wie dies im Einzelnen, aufbauend auf den Erkenntnissen der vorliegenden Arbeit geschehen kann, wird im Folgenden als Ausblick mit einer Handlungsempfehlung erläutert.

10. Ausblick

Wie sich nun zusammenfassend zeigt, besteht in den Kommunen durchaus der realistische Bedarf an der Prävention zur Verhinderung einer Steigerung emotionaler Differenzen zwischen den Akteursgruppen. Diese Prävention betrifft vor allem die Bereiche der gegenseitigen Wahrnehmung und der Zusammenarbeit der hauptamtlichen und nebenamtlichen Akteure auf kommunaler Ebene.

Dazu muss in den Kommunen in Deutschland zunächst eine weiterführende kontrollierte Beobachtung geschehen, da die Differenzen durchaus ortsspezifischen Merkmalen unterliegen können und es nach wie vor, wenn auch geringen Ausmaßes, Unterschiede zwischen den Kommunalverfassungen gibt.

Parallel dazu müssen die Akteure für die Problematik sensibilisiert werden, damit sie den Handlungsbedarf intrinsisch empfinden und es nicht zur Entstehung einer Ablehnungshaltung gegenüber den neuen externen Akteuren kommt.

Diese Sensibilisierung geschieh idealerweise außerhalb ihres täglichen Umfeldes und der Arbeitsstrukturen in den Kommunen, damit die Akteure die Problematik offen behandeln können. In diesem Kontext ist auch über den Rahmen der Beteiligten im Einzelnen nachzudenken. In jedem Fall sollten in erster Instanz die entscheidenden Einzelakteure, also Bürgermeister und Fraktionsvorsitzende Ratsmitglieder involviert sein sowie ggf. in einem weiteren Schritt noch die jeweils engsten Mitarbeiter.

Diesem Schritt der Beobachtung und Sensibilisierung könnten eine detaillierte Arbeit mit den Akteuren und eine Installation von Experten an entsprechenden Stellen der Kommunen folgen, welche die für den Prozess wichtigen Arbeitsschritte mit gestalten und begleiten können.

Wie aber bereits angesprochen, ist für ein solches Projekt noch eine tiefergehende Forschung am Objekt der Kommunen notwendig. Diese muss dabei auf den bereits analysierten theoretischen Kenntnissen basierend die jeweilige Situation in der Praxis ermitteln und anhand weiterer Untersuchungen der Akteure sowie ihres Verhaltens explizite Lösungsmodelle entwickeln.

Die Untersuchung der Implementierungsmöglichkeit sowie eine Erfolgsprognose eines solchen Programms anhand einer beispielhaften Kommune können durch eine weiterführende wissenschaftliche Arbeit, basierend auf den Erkenntnissen der Vorliegenden, geschehen.

Anhang

Abbildung I) Bürgermeisterverfassung / Magistratsverfassung

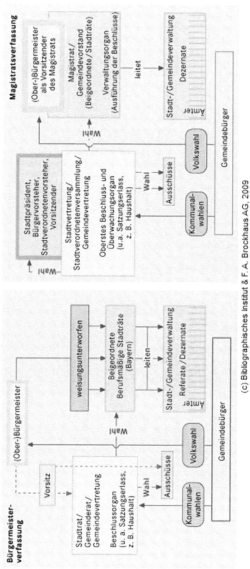

(Quelle: Bibliographisches Institut & F. A. Brockhaus; 2009)

Abbildung II) Structure of local government in England

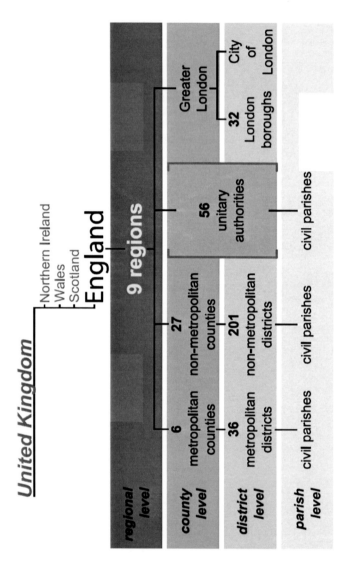

(Quelle: http://upload.wikimedia.org/wikipedia/commons/6/6a/England_
administrative_divisions_since_2009.svg; zuletzt besucht am 26.11.2011)

a. Interviews

Die Interviews wurden jeweils mit den gleichen Einleitungen durch den Interviewer begonnen, welche sich lediglich in der gewählten Perspektive unterschieden, abhängig davon, ob der Respondent ein Bürgermeister oder ein Ratsmitglied war. Einem zusätzlich befragten Experten, der ob seiner Funktion beide Seiten beurteilen kann, wurden beide Einleitungen vorgelesen.

Die einleitenden Texte sind hier jeweils einmal aufgeführt und wurden zu Beginn jedes Interviews in gleicher Weise verlesen. Sie werden in den Transkripten der Interviews nicht mehr separat aufgeführt.

Bei den Interviews steht „I" jeweils für den „Interviewer" und „R" für den „Respondent".

a.1 Einleitungstext für Bürgermeister (von Interviewer verlesen)

Liebe/r Teilnehmer/in,

zunächst möchte ich Ihnen herzlich für Ihre Bereitschaft zur Teilnahme an diesem Interview danken. Es dient der Erstellung einer Studie zur Untersuchung verschiedener Aspekte zwischen hauptamtlichen und ehrenamtlichen Personen in der Leitung der Kommunalverwaltung in Deutschland. Ich lese Ihnen nun zunächst eine kurze Einführung vor, die Sie zu einem bestimmten gedanklichen Ausgangspunkt bringen soll und auch bereits Initialisierungsfragen enthält. Bitte lassen Sie sich anschließend kurz Zeit zum Überlegen und Hineindenken und beginnen dann Ihre Antwort in einer normalen Erzählung. Diese sollte nicht künstlich abgebrochen werden, dabei aber bitte nicht länger als 5 Minuten dauern. [kurze Pause] Vielen Dank.

Ich möchte Sie nun bitten, sich an eine der letzten nach Ihrem Ermessen wichtigen Entscheidungen zu erinnern, zu der Sie mit dem Rat Verhandlungen führten. Bitte werden Sie sich kurz darüber bewusst, wie und ob Sie hier Probleme sehen, die abseits etwaiger struktureller Voraussetzungen zu verorten sind, also emotionaler Natur sind oder sogar wie Ressentiments auf Sie wirken.

- Fühlen Sie sich vielleicht von Ratsmitgliedern missverstanden und teils fehlinterpretiert, auf Grund Ihrer doppelten Verantwortung, nämlich gegenüber der Aufgabe als Leiter der kommunalen Verwaltung sowie als Vertreter der Bürgerinnen und Bürger Ihrer Kommune?

- Gibt es vielleicht Ratsmitglieder, bei denen Sie bereits vor einer Debatte, eventuell auch zu bestimmten Themen, wissen, dass Sie mit Nonkonformität oder direkter Abwehrhaltung rechnen, weil Sie spüren, dass es persönliche Differenzen oder Vorbehalte gegen Sie gibt?

- Haben Sie die Erfahrung gemacht, dass man Sie nicht als Mensch, sondern „nur" als Bürgermeister wahrnimmt, ihnen damit von vornher

33	ein bestimmte Rollencharakteristika zuschreibt und daraufhin die
34	Zusammenarbeit oder ein Konsens erschwert wird?

a.2 Einleitungstext für Ratsmitglieder (von Interviewer verlesen)

Liebe/r Teilnehmer/in,

zunächst möchte ich Ihnen herzlich für Ihre Bereitschaft zur Teilnahme an diesem Interview danken. Es dient der Erstellung einer Studie zur Untersuchung verschiedener Aspekte zwischen hauptamtlichen und ehrenamtlichen Personen in der Leitung der Kommunalverwaltung in Deutschland. Ich lese Ihnen nun zunächst eine kurze Einführung vor, die Sie zu einem bestimmten gedanklichen Ausgangspunkt bringen soll und auch bereits Initialisierungsfragen enthält. Bitte lassen Sie sich anschließend kurz Zeit zum Überlegen und Hineindenken und beginnen dann Ihre Antwort in einer normalen Erzählung. Diese sollte nicht künstlich abgebrochen werden, dabei aber bitte nicht länger als 5 Minuten dauern. [kurze Pause] Vielen Dank.

Ich möchte Sie nun bitten, sich an eine der letzten nach Ihrem Ermessen wichtigen Entscheidungen zu erinnern, zu der Sie mit dem Bürgermeister/der Bürgermeisterin Verhandlungen führten. Bitte werden Sie sich kurz darüber bewusst, wie und ob Sie hier Probleme sehen, die abseits etwaiger struktureller Voraussetzungen zu verorten sind, also emotionaler Natur sind oder sogar wie Ressentiments auf Sie wirken.

- Fühlen Sie sich vielleicht vom Bürgermeister/der Bürgermeisterin missverstanden und teils fehlinterpretiert?

- Haben Sie bei dem Bürgermeister/der Bürgermeisterin bereits vor einer Debatte, eventuell auch zu bestimmten Themen, schon das Gefühl, dass es zu einer Abwehrhaltung kommen wird, die auf persönlichen Differenzen oder Vorurteilen gegen Ihre Person fußt?

- Haben Sie die Erfahrung gemacht, dass man Sie nicht als Mensch, sondern „nur" als Ratsmitglied wahrnimmt, ihnen damit von vornherein bestimmte Rollencharakteristika zuschreibt und daraufhin die Zusammenarbeit oder ein Konsens erschwert wird?

a.3 Interviewtranskripte

a.3.1 Ehrenamtliches Ratsmitglied 1

I: [Einleitungstext verlesen]

R: Also, es gibt natürlich immer wieder Auseinandersetzungen inhaltlicher Art. Äh, zwischen einem, äh, einem Ratspolitiker, der einer bestimmten Fraktion äh Partei angehört ähm [1 Sek. Pause] und einem Oberbürgermeister, der andere Vorstellungen in Sachfragen hat. Und als ein hauptamtlicher Verwaltungschef mit einem bestimmten Apparat natürlich dahinter, hat er andere Möglichkeiten, Entscheidungen vorzubereiten bzw. dann auch am Rat vorbei ähm Dinge zu forcieren, durchzusetzen. Da kommt man als ehrenamtlicher Politiker dann häufiger an die Grenzen, an seine zeitlichen Grenzen, häufig, um Sachen wirklich fundiert vorzubereiten. Wir machen das alle nur nach Feierabend. [3 Sek. Pause] Ähm, es dreht sich aber nach meiner Wahrnehmung jetzt hier konkret in diesem Fall äh dreht es sich immer um inhaltliche Auseinandersetzungen, das ist nichts auf einer persönlichen Ebene oder nichts auf so einer Ebene, da ist jemand der macht das hauptberuflich, ist direkt gewählt und da ist irgendwie der kleine Ratspolitiker, der ihm nicht das Wasser reichen kann oder sonst was, der kleine Feierabendpolitiker, sag' ich mal. Auf so einer Ebene überhaupt nicht, wobei das eben äh aber ich kann mir vorstellen, dass es sowas gibt, also wenn man Presseausschnitte verfolgt, dann kann ich mir das vorstellen, dass es sowas gibt, aber das ist nun hier in [Name der Gemeinde] die Situation, der Oberbürgermeister gehört der [Name einer Partei] an, ich kannte ihn auch schon vorher, als so ein normales Ratsmitglied, als ehrenamtliches Ratsmitglied, äh, von daher hatten wir auch vorher schon eine persönliche Arbeitsebene und die hat sich nicht so großartig verändert. Also ich kann ihn nach wie vor ansprechen, also ich kann ihn ansprechen, ich sehe das so und so oder kann ich mal 'nen Termin haben, um bestimmte Sachen zu erörtern. Das geht. Ich war

Ausschussvorsitzender, Integrationsausschussvorsitzender, und in dem Zusammenhang haben wir häufiger Dinge miteinander besprochen und da hatte ich schon den Eindruck, das ist dann schon so relativ auf Augenhöhe, so äh da wurde ich ernstgenommen, den Eindruck hatte ich. Also von daher kann ich [2Sek. Pause] so einen, so einen Gegensatz Hauptamtlichkeit, Ehrenamtlichkeit da äh nicht konstruieren. Der entscheidende Faktor ist, dass man als hauptamtlicher mehr Zeit hat, wobei 'n Oberbürgermeister natürlich alle möglichen Fragen entscheiden muss oder im Kopf haben muss, aber er kann ja auch nicht in jedem Fachgebiet in der Tiefe kompetent sein, und die Auseinandersetzungen sind inhaltlicher Art, es geht um Sachfragen, man streitet um 'ne Sachfrage, aber man streitet nicht ähm [3 Sek. Pause] auf 'ner persönlichen Ebene. Das ist eigentlich schon alles, was ich dazu sagen kann. [2 Sek. Pause] Das ist halt sehr subjektiv alles, ich kann mir auch alle anderen Situationen vorstellen, ja? Das man überhaupt keine, keinen, äh also das sind Persönlichkeiten. Dass der Oberbürgermeister eine ganz andere Persönlichkeit ist, äh irgendwo vielleicht arroganter rüberkommt, äh und sonst etwas. Das kann äh das kann ich mir alles vorstellen, ist aber bei mir hier in [Name der Gemeinde] nicht der Fall.

I: Haben Sie vielleicht bei anderen Kollegen aus der Fraktion oder anderen Fraktionen oder aber überhaupt solche Probleme schon einmal mitbekommen, auch wenn Sie sie selbst nicht erfahren haben und Sie nur themenspezifische Konflikte ausmachen können?

R: Also es gibt sicherlich immer mal mehr, mal weniger Sympathien für die Person [4 Sek. Pause], sodass man jemandem, äh wenn man dann oder wie man jemandem gegenübertritt oder wie man ihm in Diskussionen begegnet. Aber das hängt auch, glaube ich, immer sehr davon ab, ob man seine Position sachlich gut vortragen kann, ob man da irgendwo hinterherschwafelt, aus irgendwelchen Parteizwängen heraus meint, äh in Opposition gehen zu müssen, mal was anderes behaupten zu müssen. Und immer dann, ich hab' die Erfahrung gemacht, immer dann, wenn man als ehrenamtlicher

Politiker ehrlich rüberkommt, wenn man in Sachfragen sich gut auskennt, wenn man auch mal zugeben kann, dass man irgendwo nicht Recht gehabt hat oder wenn man seine Position anpassen kann, wenn äh wenn neue Argumente auf dem Tisch liegen, dass einem immer dann auch entsprechender Respekt gegenüber gebracht wird, auch von hauptamtlichen Verwaltungsmenschen, also sowohl von der Dezernentenebene, von der Fachbereichsebene, aber auch von einem hauptamtlichen Oberbürgermeister. Also da, wo ehrenamtliche Ratspolitiker meinen, sie könnten da mal einen raushängen lassen, sie wissen Bescheid, wie es läuft, so dann, ja es ist immer so, wie man in den Wald hinein ruft, so schallt's auch hinaus. Das ist wie immer im Leben, also da bilden auch Räte keinen großen Unterschied. Wenn man jemandem als Arschloch gegenübertritt, dann wird man auch so behandelt, um es mal deutlich zu sagen. Also in der Fraktion selber wüsste ich nicht. Natürlich gibt es jetzt neue Fraktionsmitglieder, die den Oberbürgermeister jetzt auch ganz neu kennenlernen, diese lange Arbeitsbeziehung oder so 'ne kleine persönliche Ebene, die nicht da ist, aber das wird sich, das wird sich da auch entwickeln. Wie gesagt, wenn man vernünftig, fachlich fundiert und sachlich die richtigen Dinge vorträgt, argumentieren kann für sein Anliegen, dann wird man auch mit Respekt behandelt und man wird ernstgenommen.

I: Also, wenn Konflikte, dann sachlicher Art, themenspezifischer Art und die Vorarbeit des Oberbürgermeisters als hauptamtlicher Chef der Verwaltung in bestimmten Themen, in die man sich nicht hineinarbeiten konnte auf Grund zeitlicher Schwierigkeiten, ist wichtig und hilft Ihnen auch.

R. Ja natürlich. Es kann Arbeit in der Kommune, kann gar nicht anders funktionieren, also die Verwaltung muss das laufende Geschäft machen. Die Politik kann nur immer versuchen, das zu steuern, strategische Linien vorzugeben. Da hat man natürlich das Problem, dass man um diese strategischen Linien streitet, ja?! Also konkret, wenn wir das Beispiel Klimaschutz nehmen, dann kann man sagen,

99	das ist unserem Oberbürgermeister nicht unbedingt das
100	allerwichtigste Thema, ne. Da hat er nicht so 'n äh, da ist er nicht
101	so sensibel dafür. Das ist unserer Fraktion natürlich extrem wichtig
102	und da streitet man natürlich immer darum, eh, wie geht man da ran,
103	wie viel investiert man in den Bereich, wie engagiert geht man an
104	das Thema. Da streitet man in der Sache und klar hat dann ein
105	hauptamtlicher Verwaltungsapparat natürlich immer auch
106	Möglichkeiten das Thema mehr oder weniger engagiert anzugehen,
107	das ein bisschen zu verschleppen oder mal auf ein oder anderer
108	Ebene nicht sofort anzupacken. Da bleibt einem dann als äh
109	ehrenamtlicher Politiker immer nur zu sagen, aber hier, pass mal auf,
110	das war aber der Beschluss, ne. Sieh zu, dass es umgesetzt wird.
111	Aber das sind auch keine persönlichen Dinge, das ist dann eben in
112	einer Sache begründet, wo so ein bisschen äh teilweise dann so
113	hinten 'rum versucht wird, hier die politische Beschlusslage zumindest
114	auszubremsen, wenn nicht zu konterkarieren.
115	I: Gut, dann vielen Dank für das Interview.

a.3.2 Ehrenamtliches Ratsmitglied 2

I: [Einleitungstext verlesen]

R: Politik besteht natürlich nicht nur aus rationalen Vorgängen, da schwingen auch Emotionen mit, das ist keine Frage. Auch äh Sympathien und Antipathien können bei Sachfragen mitschwingen, ich glaube aber, dass hier in unserem konkreten Fall äh, wir uns ganz überwiegend an Sachfragen und Sachargumenten abarbeiten und solche, [2 Sek. Pause] äh sagen wir mal sachfremden oder nur am Rande äh wichtigen Fragen keine wirklich entscheidende Rolle spielen. Das heißt also, die Beziehung zwischen dem Oberbürgermeister und uns ist ganz überwiegend äh von sachlicher Übereinstimmung oder sachlichen Gegensätzen geprägt. Dass ähm der Oberbürgermeister manchmal glaubt, äh, er sei Napoleon und wir äh irgendwelche Heere, die zu marschieren hätten, das äh so ein Eindruck entsteht natürlich äh hin und wieder mal, aber äh, dann führt man eine Auseinandersetzung und dann normalisiert sich auch das Klima wieder. Ähm, das liegt natürlich in der äh Machtfülle des Oberbürgermeisters, der ja Chef einer Einheitsverwaltung ist, der mehr als tausend Mitarbeiter äh, ähm, hinter sich oder unter sich hat, die äh alle verpflichtet sind, seine Auffassung äh schlussendlich zu teilen. Also final hat der Oberbürgermeister immer die Möglichkeit, seine Meinung in der Verwaltung durchzusetzen und ähm, es sei denn er verhält sich rechtswidrig, aber ich geh jetzt hier von normalen Vorgängen aus, und insoweit hat er natürlich eine große Machtfülle, ähm, die nicht nur in seiner ähm hauptamtlichen Funktion und den vielen Mitarbeitern liegt, ähm, während wir ehrenamtlich tätig sind, sondern die natürlich auch darin liegt, dass er medial ständig auftreten kann, es gibt äh ähm fast jeden Tag irgendeinen Anlass in die Presse zu gehen, da hat der Oberbürgermeister immer ein Prä vor dem Stadtrat, der ja überwiegend ein reagierender und nicht ein agierender ist. Der Oberbürgermeister kann also äh über die Medien natürlich auch die äh die Menschen stark beeinflussen und äh die ehrenamtlichen haben da gewisse Möglichkeiten, aber diese sind eingeschränkter Natur. Ähm, zusammenfassend möchte ich sagen, dass das Verhältnis zwischen Oberbürgermeister und Rat hier in unserer Stadt überwiegend [2 Sek. Pause] von sachlicher Zusammenarbeit geprägt ist im Interesse der Stadt und äh hin und wieder es zu emotionalen äh ähm Eruptionen kommt oder Auseinandersetzungen kommt, die etwas neben der Sache liegen, das gab in der vergangenen Ratsperiode so einige Themen, die sehr [1 Sek. Pause] emotional besetzt waren, zum Beispiel am Anfang der Ratsperiode das Thema, die Absage der Bundesgartenschau, wo mit Leidenschaft gekämpft wurde oder jetzt am Ende der Ratsperiode die Neugestaltung des Neumarktes, äh die Einstellung zu einem sehr großen Einkaufscenter, ja – nein, äh oder in welcher Größe äh das ääh sind dann Themen, wo auch starke Emotionen dann natürlich eine Rolle spielen.

I: Würden Sie sagen, dass diese, ich sage mal einfach ‚napoleonischen Machtansprüche' sich vermehrt haben, seit der Bürgermeister direkt gewählt wird, vom Volk und nicht mehr vom Rat?

R: Mit Sicherheit. Seine Stellung ist dadurch ja gestärkt worden. [räuspert sich] Er bekommt seine Legitimation direkt äh durch die Mehrheit äh der Wähler und kann natürlich auch gegenüber allen Fraktionen, auch gegenüber seinen eigenen Parteifreunden immer eine eigene Legitimation beanspruchen, die gar nichts mit den Stadtratswahlen zu tun hat. Hm, insoweit ist die äh Machtfülle sicher größer geworden. Hinzu kommt, dass durch die Änderung der Kommunalverfassung der Oberbürgermeister oder der Hauptverwaltungsbeamte, also auch der Bürgermeister in kleineren Gemeinden, ja automatisch Kraft Amtes Mitglied in allen Aufsichtsräten, äh Gremien äh ist, wo die Stadt beteiligt ist, was ähm zum Beispiel jetzt im absurdesten Fall dazu führt, dass äh die Stadt drei Mitglieder äh in einen Aufsichtsrat entsendet und die stärkste Fraktion in diesem Aufsichtsrat gar nicht mehr stattfindet, weil der Oberbürgermeister vorab ähm Kraft Amtes dort ist, dann sind nur noch zwei Sitze zu verteilen und durch die ähm Gruppenbildung, die

Zählgemeinschaft im Stadtrat, steht der die Mehrheit zu, die Mehrheit von zwei sind zwei und insoweit finden plötzlich äh von sechs Fraktionen vier gar nicht mehr statt. Also ist nur noch der Oberbürgermeister und äh die die Mehrheit vertreten. Ähm, das ist natürlich auch 'ne sehr starke Steigerung der Machtfunktion, weil man einfach sehen muss, dass die Hälfte aller äh äh Entscheidungen heute gar nicht mehr im Rat der Stadt gefällt werden, sondern in den kommunalen Unternehmen und äh dort überall der Oberbürgermeister äh 'ne starke Stellung hat in aller Regel auch als Aufsichtsratsvorsitzender und insoweit hat der OB eine große Machtfülle.

I: Eine ganz kurze Frage noch zum Abschluss. Ihrer Meinung nach, in der Mehrheit der Fälle, spielt der Oberbürgermeister diese Situation aus, dieses Mehr an Macht, an Legitimation?

R: Also, äh, er er versucht es, äh das ist ja nicht unstatthaft. Ähm, und es liegt am Rat und den führenden äh Personen des Rates, inwieweit sie sich das gefallen lassen und hin und wieder gibt's eben entsprechende Abwehrreaktionen oder auch mal Schlagabtausche, sodass man wieder in ein ausgewogenes und normales Verhältnis kommt. Äh, also ich persönlich äh hab da gar kein Problem, weil ich ähm mich absolut ähm auf Augenhöhe mit dem OB fühle, ähm, das mag nicht bei jedem äh so sein äh, das hat auch übrigens mit dem früheren Fraktionsvorsitzenden der Partei des OB äh auch häufiger inhaltliche Meinungsverschiedenheiten oder Auseinandersetzungen gegeben, äh interner als auch öffentlicher Art, äh von daher ist das gar nicht unbedingt nur auf unterschiedliche Parteien äh bezogen, sondern kann auch die eigene Partei betreffen.

I: Gut. Dann bedanke ich mich noch einmal recht herzlich bei Ihnen und beende das Interview.

a.3.3 Hauptamtlicher Ober-/Bürgermeister 1

I: [Einleitungstext verlesen]

R: Ich fange mal mit dem letzten Punkt an, weil es den Kern der Zusammenarbeit recht gut trifft. Ich bin meistens sehr froh, wenn man mich nicht als Mensch, sondern als Bürgermeister wahrnimmt, weil die Trennung von Mensch und Amt gerade in dem Amt besonders wichtig ist, weil man das Amt auch nicht zu nah an sich selber heran lassen darf, weil man sonst sehr stark das reflektiert, was man im Amt tut und die Kritik, die man als Bürgermeister auf sich zieht sonst, glaube ich, einfach zu persönlich nehmen würde. Ähh. Insofern ist es mir [2 Sek. Pause] nicht nur angenehm, sondern mehr als Recht, wenn der Rat eben nicht den Menschen [Name gestrichen] da stehen sieht, sondern den Bürgermeister und den Verwaltungsleiter dabei. Dass es dabei typische Rollenkonflikte gibt, ist natürlich klar. Die Rollenkonflikte ergeben sich aber nicht so sehr aus der Kombination von Verwaltungsleitung und in Anführungszeichen ehrenamtlichen, Schrägstrich hauptamtlichen Repräsentanten der Gemeinde, sondern die Konflikte, die ich sehe, ergeben sich in erster Linie aus der Vorbereitung von Entscheidungen durch die Verwaltung, wo auch der Bürgermeister gewissen Sachzwängen unterliegt, seien es rechtliche Zwänge, finanzielle Zwänge, ähhm, örtliche Zwänge, administrative Zwänge, wie auch immer. Ähhm. Und das dann entsprechend durch den Rat zu bringen, beziehungsweise erst einmal in den Rat einzubringen. Hhhhm. Wenn man Entscheidungen reflektiert, merkt man, dass es doch gewisse Rollenzuschreibungen gibt oder auch gewisse Kompetenzabgrenzungen, wo die eine oder andere Seite immer wieder versucht, in das Feld des anderen oder der anderen einzuarbeiten. Klassische Beispiele dafür sind Personalentscheidungen, die Organisationshoheit des Rathauses liegt immer beim Bürgermeister, und wenn das Ehrenamt dann mit wie auch immer gearteten Vorschlägen kommt oder die Vorstellungen sich auch konkret in Personalvorschlägen niederschlagen, dann muss man ähm da doch sehr konsequent sagen: Hier ist die Grenze des Ehrenamtes erreicht, denn dafür wird der Bürgermeister ja direkt vom Volk gewählt und seine Aufgabe ist die Leitung der Verwaltung. Dann gibt es da Grenzfälle, zum Beispiel die Besetzung von Führungsaufgaben, Leitungsaufgaben, über die der Rat sehr wohl mitbestimmen kann und da merkt man dann immer wieder, dass es, wenn sich einzelne Personen dann in den Fraktionen auch nochmal vorstellen, ähh dass es da Konflikte und Bruchlinien gibt. Konflikte und Bruchlinien im Bereich der [4 Sek. Pause] Zusammenarbeit oder Zusammenlegung von Repräsentation und Verwaltungsleitung gibt es eher selten, denn die Repräsentation hat viele Aufgaben, die den Rat gar nicht unbedingt interessieren. Das ist das Überbringen von Grußworten, das ist das äh Teilnehmen an Jahreshauptversammlungen, wo traditionell eher wenige Ratsmitglieder hingehen, die nicht unmittelbar ´nen Bezug da haben, das Überreichen von Urkunden, Ehrungen, Grußworte zu sprechen. Das sind Sachen, die das einzelne Ratsmitglied vielfach auch gar nicht wahrnehmen [2 Sek. Pause] möchte. Ähm [4 Sek. Pause] Bezüglich Frage weiterer Konflikte, stelle ich häufig fest, dass es natürlich Ressentiments zwischen Verwaltung als solcher und Rat und auch umgekehrt gibt, so nach dem Motto, die im Rat und die in der Verwaltung. Ähm. Typisches Vorurteil gegenüber Ratsmitgliedern aus der Verwaltung ist: erstens der Rat informiert sich nicht, informiert sich sehr spärlich, liest die Informationen nicht, die die Verwaltung zur Verfügung stellt. Das ist jetzt alles sehr generalisiert und zugespitzt gesagt. Hhm. Der Rat muss auch selber erst Mehrheiten finden und weiß nicht, ob nicht sachlich gerechte Vorschläge irgendwelchen ideologischen Zwängen geopfert werden, wie auch immer. Die Vorurteile, die der Rat gegenüber der Verwaltung hat, ist: die Verwaltung arbeitet zu langsam, die Verwaltung nimmt viele Bedenken gerade in juristischer Art viel zu ernst, ist deshalb zu vorsichtig, ähm, die Verwaltung möchte ihre eigene Suppe kochen [2 Sek. Pause] und so weiter. Aber ich stelle nicht fest, dass das an der Person des Bürgermeisters festgemacht wird. Also das wäre zu weit zu gehen, das man sagt, der Bürgermeister hat aber seine Verwaltung angewiesen, die und die juristischen Sachen so und so abzuwägen, das Verfahren so und so lange in die Länge zu ziehen, also das stelle ich bei uns in der Nacharbeit und so nicht fest. [7 Sek. Pause] Tja, das ist eigentlich alles, was ich im Moment sagen kann, es sei denn, Sie haben noch irgendeinen Punkt, den ich vergessen hab'.

I: Nein, ich würde da auch nicht nachhaken wollen. Sie haben die Perspektive beleuchtet, auch was Ressentiments angeht, was die Trennung zwischen Person und Amt angeht. Ähm. Das bedeutet, es ist nicht nur richtig, sondern auch wichtig, dass der Bürgermeister in diesem Amt gesehen wird und nicht als Person dahinter. Kann man aber daraus auch verstehen, dass Vorbehalte dann auch äh Vorbehalte des Rates gegenüber dem Bürgermeister, sich dann auch auf das Amt des Bürgermeisters beziehen und keine persönlichen Vorbehalte sind, auf Grund persönlicher Einschätzungen?

R: Ja, das äh gibt es, äh, das gibt es immer wieder. Das höre ich auch oft aus dem Kollegenkreise sehr stark, aber da ist dann nochmal zu differenzieren, zwischen denjenigen, die parteilos gewählt sind und damit sich noch auf eine weitere Legitimation aus der Bürgerschaft berufen, nämlich unabhängig von parteiinternen Auslese- und Selektionsmechanismen vom Volk direkt gewählt zu sein und zwischen denen, die aus einer Partei heraus kommen. Also ich merke bei den parteigebundenen Bürgermeistern sehr stark, dass sie weniger Ärger mit dem Rat, als mit ihrer eigenen Fraktion haben. Ich habe auch bei uns in der Region mittlerweile zwei Austritte aus großen, einmal CDU, einmal SPD, Fraktionen erlebt, ähm, weil es keine Zerwürfnisse zwischen dem Rat und der Verwaltung als Ganzes gab, sondern zwischen der Fraktion, die der Bürgermeister hatte und die ganz konkrete Ansprüche an ihn gestellt hat, ähm, die auch vielfach gesagt hat, er ist ja jetzt der verlängerte Arm der xy-Fraktion im Rathaus. Da sehe ich 'ne ganz deutliche Bruchlinie, die hm bei einigen Kollegen wirklich dazu geführt hat, dass sie sagen, sie treten

100		ganz aus der Fraktion aus oder sie legen die Fraktionsarbeit völlig
101		nieder.
102	I:	Aber in Ihrem Fall, als parteiungebundener
103	R:	In meinem Fall als parteiloser habe ich das nicht. Da habe ich 'ne
104		andere Schwierigkeit, das ist, dass man direkt mit den Mehrheiten
105		agieren muss und das Aufbauen von Mehrheiten ist nicht schwer.
106		Was schwer ist, ist dann wieder diejenigen, gegen die man eine
107		Mehrheit aufbauen musste, zurück zu holen in den Prozess und zu
108		sagen, ja aber nächstes Mal brauche ich euch wieder. Ne, also hm ich
109		sage mal so, die Tür auf der einen Seite bei einer Entscheidung zu
110		zuwerfen und auf der anderen Seiten dann aber wieder zu sagen, die
111		Tür steht sperrangelweit offen, jetzt müssen wir so eine Sache
112		zusammen machen. Weil da natürlich dann nicht mehr die Sachpolitik
113		im Vordergrund steht, sondern auch vielfach das Persönliche, ne. So
114		nach dem Motto, das letzte Mal hat er uns vorgeführt und diesmal
115		braucht er uns als Mehrheitsmacher. Ist umgekehrt aber genauso,
116		dass auch große Fraktionen sagen, wir wollen von unserer Seite aus,
117		der Rat bringt ja auch viele Sachen ein, die gar nicht von der
118		Verwaltung kommen, wir norden da gleich den Bürgermeister ein, um
119		'ne bessere Unterstützung für unser Vorhaben zu kriegen, wo die
120		anderen Fraktionen oder Parteien dann sagen, warum schlägt der sich
121		unbedingt auf die Seite, der Vorschlag ist doch blöd, ne. [Abfallende
122		Stimme und lange Pause]
123	I:	Ok. Dann danke ich Ihnen ganz herzlich für das Interview.

a.3.4 Hauptamtlicher Ober-/Bürgermeister 2

I: [Einleitungstext verlesen]

R: Also wenn ich die Fragen jeweils mit nur einem Wort beantworten dürfte, würde ich sie alle mit „ja" beantworten. Das liegt in der Struktur, das kann man sogar fast schon wieder loslösen von der Figur des hauptamtlichen Bürgermeisters. Das war auch vorher so. Es gilt zunächst einmal festzustellen, - und ich weiß das aus eigener Erfahrung, weil ich selbst, bevor ich Bürgermeister wurde, zehn Jahre lang ehrenamtliches Ratsmitglied war - dass es ein unterschiedlich ausgeprägtes, aber durchaus vorhandenes Misstrauen gegen die hauptamtliche Verwaltung gibt. Das ist im Bundestag ähnlich, es ist eine andere Struktur, aber auch da misstraut die Legislative grundsätzlich ein wenig der Exekutive, wobei es da den wesentlichen Unterschied gibt, dass die Exekutive von der jeweiligen Mehrheitspartei geführt wird. Das ist in der Kommunalverwaltung nicht der Fall. Die Kommunalverwaltung wird heute vom Oberbürgermeister geführt, und die Verwaltungszusammensetzung ist mehr oder weniger zufällig oder über die Jahre gewachsen. Trotzdem gibt es dieses Misstrauen. Es ist kein persönlich begründetes – das gibt es zwar auch - Misstrauen gegenüber einem Dezernenten oder dem Oberbürgermeister, sondern es ist ein latent vorhandenes, abstraktes Misstrauen. Die Verwaltung hat das Wissen, die Verwaltung hat die Fachkompetenz. Die ehrenamtliche Seite fühlt sich dem mehr oder weniger ‚ausgeliefert'. Das sieht der eine stärker und extremer, als der andere und der andere weniger, aber es ist latent vorhanden. Das führt auch zu den in den Fragen beschriebenen Situationen, dass man in bestimmten Situationen genau weiß, wenn ich mit einem Vorschlag x in den Rat gehe, weiß ich relativ genau, wer aus politisch oder ideologischen Gründen von vorn herein nicht zu Ende zuhört, sondern sagt, den Vorschlag lehne er ab. Oder aber er sagt, ich traue dem Amtsinhaber in dieser Frage nicht, ‚die ziehen uns über den Tisch', ‚die legen falsche Schwerpunkte' etc. Das gibt's regelmäßig, mal mehr, mal weniger. Meistens gelingt es aber, die

Mehrheit so zu organisieren, dass man durch den Dialog zum Konsens kommt. – Dialog ist der Schlüssel dafür, damit erfolgreich zu sein, im Umgang mit dem Rat. Man muss kommunizieren, man muss den Dialog suchen, man muss erklären und man muss immer wieder sich selbst in Erinnerung rufen, dass die ehrenamtlichen Ratsmitglieder nun mal nicht die Möglichkeit haben, sich in Sachmaterien im Vorherein schon hineinzuarbeiten, dass sie sofort in der Lage sind, Entscheidungen zu treffen. Sie brauchen Zeit für die Entscheidungsfindung, sie brauchen auch Zeit für gedanklichen „trial and error", sie brauchen Zeit, um sich anderswo zu vergewissern, abzusichern, ob das, was wir vortragen richtig ist. Aber am Ende funktioniert das meistens.

I: Würden Sie sagen, dass sich dieses Verhältnis erst einmal aus ihrer Sicht geändert hat, seit der Bürgermeister nun direkt gewählt wird vom Volk? Und wenn es sich geändert hat, eher positiv oder negativ?

R: Also erstens: es hat sich geändert. Es gab vorher schon ein gewisses Misstrauen gegenüber der Verwaltung. Das darf man jetzt auch nicht überbewerten. Allerdings hat es sich noch einmal durch die Einführung der Eingleisigkeit in der Niedersächsischen Gemeindeordnung Mitte der 90er Jahre verstärkt. Dadurch wurden die Funktionen des früheren Oberstadtdirektors und des früheren ehrenamtlichen Oberbürgermeisters in einer Person zusammengeführt und das auch noch zusätzlich mit einem eigenen direkt entstandenen Mandat. Das ist eine andere Qualität, die den eingleisigen Oberbürgermeister deutlich unterscheidet von den beiden Vorgängerpersonen. Und das macht ihn zu einer eigenständigen, starken politischen Kraft in der Stadt, der man schon einmal unterstellt, dass er, weil er eine eigene politische Kraft ist, die auch eigene politische Ziele verfolgen darf und soll und sich sein politischer Führungsanspruch in Verwaltungsvorlagen widerspiegelt, ohne dass sie deswegen unrichtig werden. Daher ist es sicher so, dass das Misstrauen oder eine natürliche Distanz noch einmal etwas größer geworden ist, weil der Oberbürgermeister als Chef der Verwaltung als politische Kraft per se einen Wissensvorsprung vor den ehrenamtlichen Ratsmitgliedern hat. So wird es jedenfalls auf deren Seite oft gesehen und das artikuliert sich dann gelegentlich durchaus durch Misstrauen. Von daher klare Ansage: Ja, es hat sich verändert und ja, es ist etwas schlechter geworden. Das liegt im Übrigen aber auch am Auftritt und man kann sagen dem Benehmen einiger Oberbürgermeister und Landräte. Einige gerieren sich wie kleine ‚Sonnenkönige', lassen andere nicht mehr in ihren Entscheidungsprozessen und ihren Ideen teilhaben, sondern versuchen, ihre Vorstellungen durchzudrücken und Druck auszuüben. Wer das macht, der schürt das Misstrauen, das latent da ist.

I: Sind das, diese Sonnenkönige, eher junge oder eher ältere?

R: Also das ist wahrscheinlich eher altersunabhängig. In meiner Wahrnehmung, die keineswegs zutreffend sein muss, scheint dies eher geografisch bedingt zu sein. Nach meiner Wahrnehmung werden Sie dies so wohl in den großen Städten nur selten finden, weil dort eine andere Tradition der kommunalpolitischen Zusammenarbeit gilt und die Professionalisierung noch ein Stück weiter auch in der Verwaltung ist, als dies in kleineren Städten und Dörfern der Fall ist. Sie haben im ländlichen Raum, das höre ich immer wieder, Bürgermeister kleiner Städte oder auch Landräte, die sich im zuvor beschriebenen Sinn verhalten und die dann auch entsprechenden Anfeindungen ausgesetzt sein können.

I: Ok. Eine Frage noch. Sind die Debatten zu Entscheidungen hier in dieser Gemeinde oder Kommune unterm Strich eher durch solche Ressentiments geprägt oder eher themenspezifischer Natur? Also einmal zusammenfassend betrachtet.

R: Insgesamt würde ich sagen, eher themenorientiert. Die personenorientierte oder die persönlich gefärbte Diskussionslage ist, eher die Ausnahme, und bestimmt nicht die meisten Debatten. Es kommt vor, dies hängt aber auch vom Thema ab und davon, wie ein Thema angegangen wird. Aber in den meisten Fragestellungen überwiegen entweder die sachlichen Fragestellungen oder eben die politisch, taktisch und ideologische, die der Devise folgt: ‚Diesen Vorschlag lehnen wir schon deshalb ab, bevor er überhaupt zu Ende gesprochen hat, weil er nicht unserer Partei angehört, weil er ein unsympathischer Bürgermeister ist oder wie das Thema ideologisch nicht in unsere Vorstellung passt'. Und in diesen Fällen gibt es dann eben auch keine thematische Diskussion mehr.

I: Also Parteipolitik der Bundesebene auf kommunalpolitischer Ebene?

R: Das kommt nicht selten vor. Parteiprogramme und grundsätzliche parteipolitische Positionen spielen auch in kommunalpolitischen Diskussionen schon seit Jahren immer öfter eine große Rolle. Das führt dann immer mal dazu, dass in Diskussionen schon zu einem Zeitpunkt Positionen eingenommen werden, zu dem eigentlich die Meinungsbildung erst beginnen sollte. In diesen Fällen kommt dann eine sachorientierte und ergebnisoffene Diskussion oft nicht mehr zustande.

I: Gut. Dann vielen Dank für das Interview.

a.3.5 Vertreter einer übergeordneten Organisation mit thematischem Bezug auf Bundesebene

I: [Einleitungstext verlesen]

R: Also ich kann das nur beantworten aus der Blickrichtung eines Verbandes äh, der jetzt nicht in einer einzelnen Gemeinde sozusagen die Situation darstellt, sondern, wie sie sich äh vogelperspektivisch in vielen Städten und Gemeinden Deutschlands abspielt. In der Tat äh haben wir es mit mehreren Akteuren zu tun, wir haben die Verwaltung, dort ist der Verwaltungschef zugleich der Bürgermeister. Der Bürgermeister in seiner Funktion und in seinem Amt als zweite Einheit und als dritte Einheit der normale Ratsvertreter oder die Ratsvertreterin. In diesem Zusammenspiel wird Kommunalpolitik organisiert und dort gibt es natürlich unterschiedliche Ansätze und auch unterschiedliche Vorgehensweisen, das hängt von vielen Faktoren ab, ein Strauß von Faktoren kommt dort zusammen. Zunächst mal ist historisch vielleicht noch als Einführung. Wir unterscheiden zwischen gewählten Bürgermeistern vom Volk und Bürgermeistern früher, die vom Rat gewählt wurden. Das hat sich in den letzten Jahren auch überall so neu formatiert, dass jetzt alle Bürgermeister von der Bevölkerung direkt gewählt werden. Es gibt die Direktwahl der Bürgermeister, das hängt mit der äh dem Verfassungssystem zusammen, das ist ein Ausfluss der süddeutschen Ratsverfassung, die das immer schon vorsah. Früher gab's eben eine norddeutsche Verfassung, wo der Bürgermeister entweder vom Rat gewählt wurde oder es eben noch einen eigenen Stadtdirektor gab, der die Verwaltung leitete und dann den Bürgermeister, der das politische Amt bekleidete. Das hat sich jetzt geändert, weil wir eben diesen gewählten Bürgermeister haben, vom Volke her, sodass es durchaus zu Disparitäten kommen kann, zum Rat, auch in der Frage der parteipolitischen Zusammensetzung. Etwa die Hälfte aller Bürgermeister sind parteilos äh, die haben natürlich ein anderes Spannungsverhältnis zu ihrem Rat, der sich parteipolitisch organisiert in der Regel, als diejenigen Bürgermeister, die äh von einer Partei, in dem Falle von einer Mehrheitspartei, aber auch per Volk, aber auch akzeptiert von den Ratsvertretern gewählt werden. Und insofern hängt Ihre Fragestellung auch davon ab, äh in welchen politischen Rollen hier Kommunalpolitik betrieben wird. Äh [2 Sek. Pause] es ist richtig, dass es Spannungsverhältnisse gibt, auch zwischen Bürgermeistern und Räten, wo der Bürgermeister 'ne klare Vorstellung hat von einem Projekt, was er auch aus der Verwaltung sozusagen äh in den Rat hineinbringt. Er hat in der Regel meist einen Informationsvorsprung, weil er die gesamte Verwaltung hinter sich hat, das haben die Ratsmitglieder nicht, die sind sozusagen auf das Wissen der Verwaltung angewiesen. Die Frage stellt sich, inwieweit gibt die Verwaltung objektive Daten an die Ratsvertreter, damit die auch bei der Entscheidung genau das gleiche Wissen haben, wie ein Bürgermeister durch diesen Apparat, den er hinter sich hat. In vielen Fällen haben wir es da mit Ungleichgewichten zu tun, äh, sodass es da auch drauf ankommt, wie fair ein Bürgermeister auch mit seinem jeweiligen Rat umgeht. Äh, aber fast alle Beschlüsse werden in Räten so gefasst, dass sie äh übereinstimmend mit dem Bürgermeister auch gefasst werden. Es gibt wenige Fälle, wo das polarisiert, wo also unterschiedliche Auffassungen existieren. Äh, auch das hängt wieder von jeweiligen örtlichen Verhältnissen ab. Hinzu kommt als dritte Komponente, dass natürlich zunehmend Bürger auch bestimmte Interessen vertreten, äh, an die Ratsmitglieder sich wenden, die Ratsmitglieder hinter sich spannen und die Ratsmitglieder diese Interessen dann in den Rat einbringen, teilweise auch gegen die Verwaltung damit operieren, und auch wieder teilweise ein Spannungsverhältnis zwischen Bürgermeister und Ratsvertretung aufwerfen und diese Konflikte müssen natürlich auch gelöst werden. Es hängt dem äh oder es hängt vom Geschick des Bürgermeisters ab, inwieweit er diese ganzen Kommunikationsprozesse so organisiert, dass das Beste für die Stadt, für die Bürgerschaft dabei heraus kommt. Ähm, Lokalpolitik ist eine Politik, die alle Lebensbereiche umfasst, sehr vielfältig ist, äh, deswegen gibt's auch kein Königsweg oder keine Empfehlung, wo wir als Verbände sagen, so und so muss das sein, sondern das ist immer individuell. Es hängt immer von den örtlichen Umständen ab, wie Politik gerade sich entwickelt, wie sie sich gestaltet, vor allen Dingen, welche Personen dort auch bestimmte Leadfunktionen übernehmen, sich sozusagen verstehen als diejenigen, die auch Themen in die Politik äh bringen, beziehungsweise innerhalb der Politik auch dafür kämpfen, dass sie auch umgesetzt werden. In der Regel sind Bürgermeister natürlich leadershiporientiert, die diese Führung auch wahrnehmen, aber es gibt natürlich 'ne Reihe von Ratsvertretern, die ebenfalls Interesse haben, sich zu profilieren, äh Fraktionsvorsitzende etc. Auch hier kommt es wieder auf die Konstellation an, handelt es sich um einen Rat mit vielen Parteien, mit wenigen Parteien, mit äh vielen Parteilosen, die einfach gewählt von der Bürgerschaft, ohne einer Partei anzugehören. Das Ganze ist sehr ähm [1 Sek. Pause] ähm viel äääh also jetzt mit wie wie ein großer Blumenstrauß zu verstehen, vielschichtig, und nicht eindimensional. [5 Sek .Pause] Was habe ich jetzt nicht beantwortet?

I: Sie müssen gar nicht alle beantworten. Die Fragen waren nur zur Einleitung. Ähm, würden Sie jetzt sagen, gerade nach der Änderung, dass alle Bürgermeister jetzt direkt vom Volk gewählt werden, damit ja die gleiche demokratische Legitimation für sich beanspruchen können, wie Ratsmitglieder, mehr oder weniger, weil sie ja demokratisch gewählt sind…

R: [unterbricht] Sind ja gestärkt worden in ihrer Rolle.

I: Genau, sind eben nicht nur über den Dienstweg zu ihrer Position gekommen, sondern direkt vom Volk gewählt. Kann man nun sagen, dass gerade ob dieser gleichen demokratischen Legitimationsvoraussetzungen für beide Seiten, die persönlichen Ressentiments vorherrschen, sie also jetzt häufiger der Grund dafür sind, dass es Probleme gibt oder ist das eher ein Überbleibsel alter Zeiten, dass in den Köpfen jetzt noch drinnen steckt: der

Bürgermeister ist eben nur in Anführungszeichen Leiter der kommunalen Verwaltung und hat mit demokratischer Regierung nichts zu tun?

R: Es war ja damals so, der Bürgermeister war derjenige, der ehrenamtlich die Repräsentation der Gemeinde wahrnehmen und der Stadtdirektor war derjenige, der die Verwaltung leitete und auch jetzt ähm in dieser Rolle seine Aufgabe wahrgenommen hat, als Leiter der Verwaltung, eben nicht so abhängig war von der Politik, wie man sich das so vorstellte, kraft Amtes. Das hat sich ja verändert ähm auch dadurch, dass wir eben jetzt ein monistisches System haben, mit einer Person an der Spitze, um diese Doppelspitze zu vermeiden, die auch viele Reibereien hatte, damals, wo sich Bürgermeister und Stadtdirektoren in die Quere kamen. Aus diesen Gründen hat man jetzt durch dieses monistische System den Bürgermeister natürlich aufgewertet. Die Frage ist, ist die Qualität der Bürgermeister auch in den letzten Jahren gestiegen. Da würde ich sagen, das ist unterschiedlich, weil in der ersten Phase nach dieser Änderung im Prinzip sehr oft äh Bürgermeisterkandidaten antraten, die bereits im Rat als Ratsvertreter tätig waren, Fraktionsvorsitzende zum Beispiel, und sich dort einen Vorsprung erarbeitet hatten, weil sie eben politisch bekannt waren und äh jetzt natürlich ein lukratives interessantes Amt vorfinden, wo sie sozusagen auch hauptamtlich hineingewählt werden können, durch die Bürgerschaft, wenn die Bürgerschaft entsprechend mit Stimmenmehrheit votiert. Das hat dazu geführt, dass wir diese ähm auch Verwaltungsbeamte, Lehrer, Personen, die mit Kommunalpolitik bereits zu tun hatten eben Wettbewerbsvorteile hatten, gegenüber denjenigen, die eben völlig neu waren, sie vielleicht auch in einer frühere Unternehmereigenschaft befanden und jetzt mal für vier, fünf oder acht Jahre Bürgermeister werden möchten, waren die Startschwierigkeiten sehr unterschiedlich. Das war sozusagen die erste Generation der vom Bürger gewählten Bürgermeister, die sehr verwaltungsbezogen, sehr politikbezogen in diese Ämter hineinkamen, jetzt nach acht, zwölf, sechzehn Jahren, je nach Land unterschiedlich, ist das egalisiert, jetzt sind die Chancen sozusagen verbreitet und es ist nicht unbedingt jetzt ein ausschließlicher Vorteil bereits im Rat als Ratsvertreter tätig zu sein und Kandidat als Bürgermeister zu werden. Das geht aber soweit, dass in Baden-Württemberg äh Bürger andere Bürger zum Bürgermeister vorschlagen können. Wir hatten jetzt so 'nen Fall in einer Stadt, wo im Prinzip gegen den Willen, das kann man so deutlich eigentlich nicht sagen, weil die Frau sich nicht erklärt hat, die hat abgewartet, gegen den Willen dieser Dame, sie auf der Kandidatenliste erschien, weil Bürger sie sozusagen gevotet haben und sie auch glaube ich bis zu 25 Prozent an Stimmen bekommen hatte äh, weil man eben eine Alternative zum herkömmlichen Bürgermeister suchte, der allerdings wiedergewählt worden ist in der Stichwahl, nachher die entsprechenden Stimmenanteile auch bekam, die notwendig sind, um nachher dann auch die notwendige Mehrheit für sich zu reklamieren. Aber will sagen, dass die Breite der Kandidaten sozusagen extrem ist, in dem Fall auch jedermann vorgeschlagen werden kann, der in der Gemeinde wohnt, um dort Bürgermeister zu werden. Das hat also so das Spektrum der Kandidaten wesentlich erweitert. Das Konfliktpotential von Bürgermeistern zu Ratsmitgliedern ist in den letzten Jahren reduziert worden, eben aufgrund dieser stärkeren Stellung des Bürgermeisters, der klare Verhältnisse äh wenn man so will, der Entpolitisierung aus den jeweiligen Räten heraus sich nur wählen lassen zu können, weil jetzt jedermann im Prinzip kandidieren kann, ist das gesamte Verhältnis jetzt etwas entspannter. Gleichwohl gibt's natürlich in vielen Städten äh oder in einigen Städten immer lokale Spannungsverhältnisse, die sich von Themen her speisen lassen, die aber auch nur temporärer Art sind und nicht nur oder ausschließlich dem Bürgermeister zugesprochen werden, dass er der Übeltäter sei, sondern sowas hängt auch von dem jeweiligen Projekt oder der jeweiligen Maßnahme ab, die in der Stadt umstritten oder nicht umstritten ist. [lange Pause]

166 I: Ja, vielen herzlichen Dank für Ihre Zeit und das Interview.

Literatur- und Abbildungsverzeichnis

- Bertelsmann Stiftung, Deutscher Städtetag u. Deutscher Städte- und Gemeindebund (Hrsg.); Studie: Beruf Bürgermeister – Eine Bestandsaufnahme für Deutschland, Deutschland 2008
- Bertelsmann Universallexikon; Bertelsmann Lexikon Verlag GmbH; Gütersloh; 1997
- Bortz, Jürgen und Döring, Nicola; Forschungsmethoden und Evaluationen für Human- und Sozialwissenschaftler; 4. überarbeitete Auflage; Springer Medizin Verlag; Heidelberg 1984, 1995, 2002, 2006
- Bourdieu, Pierre; Ökonomisches Kapital, kulturelles Kapital, soziales Kapital; In: Kreckel, Reinhard; Soziale Ungleichheiten; Soziale Welt Sonderband 2; Göttingen 1983, S. 183-198
- Bourdieu, Pierre; Praktische Vernunft: Zur Theorie des Handelns; Edition Suhrkamp; Frankfurt a.M.; 1998
- Brockhaus AG, F.A.; Bibliographisches Institut, 2009
- Fuchs, Daniel; Die Abwahl von Bürgermeistern – ein bundesweiter Vergleich; In: Nierhaus, Prof. Dr. Michael (Hrsg.); KWI-Arbeitsheft 14; Kommunalwissenschaftliches Institut der Universität Potsdam; Universitätsverlag Potsdam; Potsdam 7/2007
- Hesse, Joachim Jens u. Ellwein, Thomas; Das Regierungssystem der Bundesrepublik Deutschland; Band 1; De Gryter Rechtswissenschaften Verlags-GmbH; Berlin 2004
- Holtkamp, Lars; Kommunale Konkordanz- und Konkurrenzdemokratie: Parteien und Bürgermeister der repräsentativen Demokratie; VS Verlag für Sozialwissenschaften / GWV Fachverlage GmbH; Wiesbaden 2008
- Kleemann, Frank; Krähnke, Uwe; Matuschek, Ingo; Interpretative Sozialforschung – Eine praxisorientierte Einführung; VS Verlag für Sozialwissenschaften / GWV Fachverlage GmbH; Wiesbaden; 2009
- Klein, Armin; Kulturpolitik – Eine Einführung; 2. Überarbeitete und aktualisierte Auflage; VS Verlag für Sozialwissenschaften/GWV Fachverlage GmbH; Wiesbaden 2005

- Kleinfeld, Ralf; Kommunalpolitik – Eine problemorientierte Einführung; In: von Alemann, Ulrich; Czada, Roland; Simonis, Georg (Hrsg.); Grundwissen Politik; Band 18; Leske + Budrich; Opladen; 1996
- Kleinfeld, Ralf; Schwanholz, Martin; Wortmann, Rolf; Kommunale Demokratie im Wandel; Wirtschafts- und Sozialwissenschaftlicher Arbeitskreis Osnabrück; Osnabrück; 2000
- Küsters, Ivonne; Narrative Interviews – Grundlagen und Anwendung; In: Hagener Studientexte zur Soziologie; Hrsg.: Heinz Abels, Werner Fuchs-Heinritz, Wieland Jäger, Uwe Schimank; VS Verlag für Sozialwissenschaften; Wiesbaden; 2006
- Mey, Günther u. Mruck, Katja; Interviews; In: Handbuch Qualitative Forschung in der Psychologie; VS Verlag für Sozialwissenschaften / Springer Fachmedien Wiesbaden GmbH; Wiesbaden; 2010
- Priller, Eckhard; Stichwort: Vom Ehrenamt zum zivilgesellschaftlichen Engagement; online publiziert; VS-Verlag; 2010
- Rudzio, Wolfgang; Das politische System der Bundesrepublik Deutschland; 6. überarbeitete Auflage; Leske + Budrich; Opladen; 2003
- Saliterer, Iris; Kommunale Ziel- und Erfolgssteuerung – Entwicklungslinien und Gestaltungspotentiale; VS Verlag für Sozialwissenschaften; Wiesbaden; 2009
- Sprondel, Walter M. und Grathoff, Richard; Alfred Schütz und die Idee des Alltags in den Sozialwissenschaften; Ferdinand Enke Verlag; Stuttgart; 1979
- Wilensky, Harold L.; The Professionalization of Everyone?; American Journal of Sociology 70; Department of Political Science, University of California, Berkley, CA, USA; 1964; S.137 – 158; übersetzt von Sprondel, Walter M. in Luckmann, Thomas und Sprondel, Walter M. (Hg.): Berufssoziologie; Kiepenheuer & Witsch; Köln; 1972; S. 198 – 215
- Wollmann, Hellmut u. Roth, Roland (Hrsg.); Kommunalpolitik – Politisches Handeln in den Gemeinden; Leske+Budrich; Opladen 1999

Internet:

- http://de.wikipedia.org/wiki/Bürgermeister; zuletzt besucht am 14.11.2011
- http://de.wikipedia.org/wiki/Gemeindeordnungen_in_Deutschland; zuletzt besucht am 13.11.2011
- http://de.wikipedia.org/wiki/Gemeinderat_(Deutschland); zuletzt besucht am 16.11.2011
- http://en.wikipedia.org/wiki/Directly_elected_mayors_in_the_United_Kingdom; zuletzt besucht am 27.11.2011
- http://www.braunschweig.de/politik_verwaltung/politik/ratderstadt/aufgaben.html; zuletzt besuch am 16.11.2011
- http://www.brock.uni-wuppertal.de/cgi-bin/echo.pl?vorlage=v_white_32&stw=Kommunikation; zuletzt besucht am 22.11.2011
- http://www.direct.gov.uk/en/Governmentcitizensandrights/UKgovernment/Localgovernment/DG_073310; zuletzt besucht am 27.11.2011
- http://www.gppi.net/fileadmin/gppi/LocGovHandel.pdf.pdf; zuletzt besucht am 26.11.2011: Benner, Thorsten: Local Government im Wandel: Kommunalpolitik und interkommunale Zusammenarbeit in Großbritannien; In: Brunn, Gerhard et al. (Hrsg.); Interkommunale Zusammenarbeit; Jahrbuch Nordrhein-Westfalen; Bd. 1; Münster; S. 366-379
- http://www.hannover.de/de/buerger/entwicklung/oberbuergermeister_rat_bezirksraete/rat/aufg_rat.html; zuletzt besucht am 16.11.2011
- http://www.onpulson.de/lexikon/3917/professionalitaet/; zuletzt besucht am 25.10.2011
- http://www.statistik-bw.de/wahlen/Landtagswahl_2011/Laender.asp; zuletzt besucht am 25.10.2011
- http://www.verwaltungmodern.de/wp-content/uploads/2007/04/entwicklungbuergermeisterberuf.pdf; zuletzt besucht am 14.11.2011: Witt, Prof. Paul; Der Beruf der Bürgermeisterin / des Bürgermeisters – eine Chance für Diplom-Verwaltungswirte (FH)